ESSAI

SUR LA

GÉOGRAPHIE BOTANIQUE

DE LA LORRAINE

Par D. A. GODRON

Docteur en Médecine et Docteur ès Sciences,
Doyen de la Faculté des Sciences de Nancy, Directeur du Jardin des Plantes,
Chevalier de la Légion d'honneur,
Correspondant du Ministère de l'Instruction publique,
Ancien Directeur de l'Ecole de Médecine de Nancy, Ancien Recteur à Montpellier
et à Besançon.

Loca natalia plantarum respiciunt Regionem,
Clima, Solum et terram.

Linnæi Philosophia botanica,
ed. 4, 1787, p. 263.

NANCY,

Ve RAYBOIS, IMPRIMEUR DE L'ACADÉMIE DE STANISLAS

Rue du faubourg Stanislas, 3.

1862

ESSAI

sur

LA GÉOGRAPHIE BOTANIQUE

DE LA LORRAINE

(Extrait des Mémoires de l'Académie de Stanislas, 1861.)

Nancy, imprimerie de veuve Raybois, rue du faub. Stanislas, 5.

ESSAI

SUR LA

GÉOGRAPHIE BOTANIQUE

DE LA LORRAINE

Par D. A. GODRON

Docteur en Médecine et Docteur ès Sciences,
Doyen de la Faculté des Sciences de Nancy, Directeur du Jardin des Plantes,
Chevalier de la Légion d'honneur,
Correspondant du Ministère de l'Instruction publique,
Ancien Directeur de l'École de Médecine de Nancy, Ancien Recteur à Montpellier
et à Besançon.

Loca natalia plantarum respiciunt Regionem,
Clima, Solum et terram.

Linnæi Philosophia botanica,
ed. 4, 1787, p. 263.

NANCY,

Ve RAYBOIS, IMPRIMEUR DE L'ACADÉMIE DE STANISLAS
Rue du faubourg Stanislas, 3.

—

1862

ESSAI

SUR

LA GÉOGRAPHIE BOTANIQUE

DE LA LORRAINE

INTRODUCTION.

Lorsqu'on étudie les différentes espèces végétales répandues à profusion sur le sol de notre planète, on ne tarde pas à constater que certaines plantes habitent des contrées très-étendues ; que quelques-unes même, surtout parmi les plus simples en organisation, sont presque cosmopolites, qu'elles prospèrent, par conséquent, sous des climats bien différents, et vivent dans des conditions d'existence extrêmement variées. D'autres sont dispersées à la fois sur un plus ou moins grand nombre de points et restent invariablement fixées dans leurs stations respectives, mais toujours analogues pour chacune d'elles, sans s'étendre jamais au delà et sans se confondre dans une aire commune. Mais on constate aussi que certains types végétaux occupent une région plus ou moins restreinte, et que l'espèce tout entière ne franchit pas les limites étroites où elle se trouve concentrée. D'où vient donc cette diversité ? Quelles sont les causes qui l'expliquent ? Quelles sont enfin les lois qui régissent la distribution des différentes espèces végétales à la surface de la terre ? La solution de ces questions est l'objet d'une science moderne, la géographie botanique.

Ce sont là des questions importantes que nous avons cherché à étudier sur le sol même qui, durant de longues années, a été l'objet de nos explorations les plus assidues. On s'étonnera peut-être que nous ayons choisi, comme limites de notre travail, la circonscription d'une ancienne province qui, comme état indépendant, n'existe plus que dans les souvenirs de l'histoire. Mais la Lorraine, aujourd'hui incorporée à la grande unité française, à laquelle elle s'est complétement identifiée, a eu autrefois sa raison d'être. En effet, elle constitue une région bien circonscrite, bien naturelle, soit qu'on la considère au point de vue géographique ou politique, soit qu'on l'envisage sous les rapports ethnologique, géologique et botanique. Cette proposition est facile à démontrer.

La Lorraine est circonscrite à peu près de tous côtés par des montagnes ; à l'est, elle est limitée par la chaîne des Vosges, qui forme entre elle et l'Alsace une barrière élevée et puissante ; à l'ouest, par les lignes de coteaux de la formation jurassique ; au sud-est par les contreforts du massif central des Vosges, formés de granite et de grès vosgien, qui s'infléchissent à l'ouest, et s'étendent jusqu'au delà de Plombières; au sud, les limites de notre ancienne province sont moins évidentes, et sont tracées néanmoins par des collines de grès bigarré formant la ligne de faîte qui sépare le bassin de la Saône de celui de la Moselle; au nord-est, nos limites naturelles sont, depuis nos désastres de 1815, en dehors de nos frontières ouvertes que fermerait si bien de ce côté la grande courbe que les Vosges inférieures décrivent vers l'Ouest, en embrassant tout le bassin de la Sarre et de ses affluents; enfin le prolongement de la chaîne des Ardennes orientales, complète ou à peu près vers le nord les limites naturelles de la Lorraine.

Les montagnes constituent, en effet, des défenses naturelles aux contrées bornées par elles, et l'histoire vient pleinement confirmer cette appréciation, en ce qui concerne la circonscription que nous nous proposons d'étudier à un tout autre point de vue. A l'époque où les peuples barbares de la Germanie ont pénétré dans l'empire Romain, ils ont franchi le Rhin sur tous les points de son cours, malgré les nombreuses forteresses élevées sur ses rives; mais les montagnes des Vosges, facilement défendues, ont résisté à leurs efforts réitérés; c'est par le nord et quelquefois par la grande coupure qui sépare la chaîne des Vosges de celle du Jura que la Gaule Romaine fut envahie. C'est grâce à cette protection tutélaire des Vosges que les populations de la contrée, qui devint plus tard le duché de Lorraine, sont restées vierges, ou à peu près, d'élément étranger, comme nous espérons le démontrer dans un autre ouvrage, et que le sang qui circule dans nos veines est encore celui de nos ayeux, les Gaulois. Aussi, est-ce à la France et non à l'Allemagne que la Lorraine devait naturellement et définitivement s'incorporer.

A l'ouest, les terrains jurassiques nous offrent une série de plateaux parallèles disposés en gradins, inclinés vers l'ouest et diminuant successivement de hauteur du centre de la province à sa périphérie ; ces remparts sont même pourvus de fossés, représentés successivement par la Meurthe et la Moselle, par la Meuse, par la rivière d'Aire et par l'Ornain, et l'on trouve encore devant eux, comme ouvrages avancés, la chaîne moins élevée des montagnes de l'Argonne, qui nous séparent de la Champagne et qui sont couvertes par la rivière d'Aisne. « Ces mêmes crêtes, disent les savants auteurs de la carte géologique de France (1), forment des lignes naturelles de défense de notre territoire et les opérations stratégiques de toutes les armées qui l'ont attaqué ou défendu, s'y sont toujours coordonnées par la force même des choses. »

Cette configuration du sol de la Lorraine constitue peut-être l'une des causes qui permettent d'expliquer comment le petit peuple qui l'habite, a pu pendant des

---

(1) Dufrénoy et Elie de Beaumont, *Explication de la carte géologique de France*, Paris, 1841, in-4°, t. I, p. 25.

siècles, conserver sa nationalité, pressé qu'il était entre l'Empire germanique et la puissance colossale de la France.

D'une autre part, les montagnes forment en tout temps un obstacle aux communications ; elles gênent et interrompent même quelquefois, pendant la saison d'hiver, les relations commerciales entre les habitants des plaines étendues au pied de l'un et de l'autre de leurs versants. Aussi, les populations, séparées par des montagnes, diffèrent-elles le plus souvent, même lorsqu'elles reconnaissent une origine commune, par quelques traits de la physionomie, par les mœurs, les habitudes, et souvent aussi par des modifications du même langage ou par des langues plus ou moins étrangères les unes aux autres. Sous tous ces rapports, on distingue encore très-bien, surtout si l'on compare entre elles les populations stables des campagnes, les types lorrain, franc-comtois, alsacien et champenois; mais ces différences ne tarderont pas à s'affaiblir et peut-être à s'effacer, aujourd'hui que des voies nouvelles multiplient les relations, facilitent le déplacement des populations et tendent de plus en plus, par des mélanges continuels à les modifier et à les confondre.

Les montagnes sont également des limites géologiques naturelles, puisque, par la nature des roches qui les forment, elles diffèrent le plus souvent de la constitution du sol des plaines. Cette dernière circonstance, jointe à l'élévation plus ou moins grande au-dessus du niveau de la mer, aux influences météorologiques qui en résultent, imprime à la végétation des montagnes un caractère qui lui est propre.

Il n'en est pas ainsi des rivières considérées comme limites. Non-seulement leur cours peut, dans les vallées larges et à pente peu marquée, éprouver des variations dont on retrouve, en maint endroit, des traces évidentes (1). Mais loin de limiter les peuples, elles sont au contraire un des moyens de communication les plus faciles et les moins dispendieux; aussi les populations riveraines d'un même cours d'eau se ressemblent-elles par les caractères ethnologiques. Sous le point de vue géologique, on trouve toujours que les deux bords d'une rivière sont formés par le prolongement des mêmes couches et offrent un sol identique. Enfin, la végétation, qui couvre la plaine de part et d'autre d'un même cours d'eau, soumise à des conditions physiques parfaitement semblables, n'offre aucun caractère différentiel appréciable.

Ce sont là des considérations qui, à une autre époque, nous ont engagé à écrire la Flore de Lorraine et non celle du département de la Meurthe, comme nous en avions eu primitivement le projet. Elles sont bien plus vraies encore au point de vue de la géographie botanique.

(1) On peut citer Vieux-Brissac, les ruines d'Augusta Rauracorum, près de Bâle, autrefois sur la rive gauche du Rhin, et aujourd'hui placés sur la rive droite de ce fleuve; enfin Rheineau, autrefois sur la rive droite et aujourd'hui sur la rive gauche.

CHAPITRE I.

DES INFLUENCES GÉNÉRALES QUI MODIFIENT LA DISTRIBUTION DES VÉGÉTAUX.

Si parmi les différentes espèces végétales, les unes non-seulement s'accommodent de certaines conditions biologiques déterminées, mais même ne peuvent prospérer et se perpétuer que sous leur influence, d'autres semblent être, jusqu'à un certain point, réfractaires à l'action des agents extérieurs et vivre d'une vie plus ou moins indépendante des milieux ambiants, cela tient sans doute à la constitution intime de leur organisation et nous n'entreprendrons pas de pénétrer ce mystère.

Mais ce que l'observation a démontré, c'est que les conditions extérieures d'existence extrêmement variées, auxquelles les végétaux sont soumis, se rapportent à deux ordres de faits principaux : les influences atmosphériques et celles du sol dans lequel ils implantent leurs racines. C'est dans ces deux milieux, l'atmosphère et le sol, qu'ils puisent tous les matériaux nécessaires à l'entretien de leur vie et à leur développement; c'est par l'intermédiaire de ces milieux, que les agents physiques exercent leur action pour favoriser ou pour troubler l'exercice de leurs fonctions. Les modifications si nombreuses que l'atmosphère et le sol éprouvent, suivant les lieux, doivent donc jouer un rôle très-important dans la distribution des espèces végétales et dans leur aire d'extension.

Ces influences sont plus ou moins modifiées, à latitudes égales, par la configuration du sol. Nous devons donc tout d'abord décrire brièvement les reliefs de la surface de notre territoire, ses vallées et ses cours d'eau, c'est-à-dire nous occuper de l'orographie et de l'hydrographie de la Lorraine.

Orographie. — La Lorraine a une étendue de 2,596,851 hectares et la surface du sol y est fortement accidentée. Ses chaînes de montagnes ont une direction générale du sud au nord, mais à leurs extrémités, elles ont une tendance extrêmement prononcée à se courber vers l'ouest. D'une autre part, toutes nos montagnes s'abaissent graduellement depuis les Vosges jusqu'à nos limites occidentales, et la pente générale du sol a lieu de l'est à l'ouest. Mais ces considérations d'ensemble ne suffisent pas pour le but que nous nous proposons; il convient de ne pas négliger certains détails.

Dans l'étude de la configuration de la surface de notre sol, nous procèderons de l'est à l'ouest et nous suivrons ainsi la série régulière des altitudes et l'ordre des temps géologiques auxquels se rapporte la formation successive des diverses parties de notre territoire.

La chaîne des Vosges forme notre limite orientale et suit la direction moyenne du sud-sud-ouest au nord-

nord-est ; mais au midi elle s'élargit, s'exhausse et envoie vers l'ouest un long prolongement ; au nord, elle s'infléchit par une double courbure pour s'adosser en dehors de nos limites actuelles, à la chaîne du Houndsruck et s'abaisse de plus en plus. Pour bien comprendre la configuration des Vosges, il faut examiner séparément la partie méridionale et la partie septentrionale de ces montagnes. Ce n'est pas cependant que ces deux moitiés constituent deux chaînes distinctes au point de vue géographique, elles sont continues, mais il semble, par la forme des reliefs, que la partie septentrionale se bifurque, au nord du Donon, pour envelopper presque entièrement la partie méridionale et lui former des contreforts. La Géologie, comme nous le verrons plus loin, explique très-bien cette distinction.

Les Vosges, dans leur moitié méridionale, sont constituées par une série de massifs, dont les cimes élevées sont reliées entre elles par des crêtes plus ou moins abaissées et dont l'ensemble forme un vaste triangle dont les trois angles sont situés aux environs de Massevaux, de Remiremont et de Schirmeck.

Ces cimes élevées affectent une forme spéciale à ces montagnes ; ce ne sont pas des pics décharnés, ni des aiguilles comme dans les Alpes, mais des masses arrondies en forme de dômes. Sans discuter l'éthymologie du nom, sous lequel on les désigne dans le pays, nous nous contenterons de constater qu'ils sont connus sous celui de *Ballons*, qui peint si bien la configuration générale qu'ils affectent. Ces montagnes sont presque toujours couvertes sur leurs flancs d'immenses forêts, qui s'élèvent jusqu'à l'altitude de 1000 à 1200 mètres au-dessus de l'Océan. Mais au delà de ce niveau, les cimes et les crêtes, qui les relient, n'offrent plus que quelques hêtres rabougris, sous forme de buissons, derniers efforts de la végétation arborescente dans ces régions élevées et sans abri. Là, où les forêts cessent, commencent des pelouses herbeuses qui couvrent les sommets, qui offrent une physionomie caractéristique des hauts pâturages vosgiens et sont connues sous le nom de *Chaumes* (*Calvi montes*).

Les végétaux qui forment la base de ces pâturages, sont spécialement le Nardus stricta *L.*; les Agrostis vulgaris *L.* et canina *L.*; Festuca duriuscula *L.*; Anthoxantum odoratum *L.*; les Luzula campestris *D. C.*, et nigricans *Desv.*; le Galium saxatile *L.*; les Euphrasia officinalis *L.* et nemorosa *Pers.*, etc.

Ces dômes gazonnés sont irrégulièrement ajustés les uns aux autres; ils sont pour la plupart alignés le long de la crête centrale; ils s'étendent du sud au nord jusqu'au dessus de Sainte-Marie-aux-Mines et reparaissent au delà sur le massif du Champ-du-Feu. Là où les sommets deviennent moins élevés, ils sont, comme leurs flancs, couverts de belles forêts, partout où l'instinct destructeur de l'homme n'a pas dénudé ces montagnes de leur parure naturelle.

Le massif le plus méridional des Hautes Vosges nous

présente deux points culminants : le Ballon d'Alsace qui mesure 1250 mètres d'altitude, et celui de Servance qui s'élève seulement à 1189 mètres. Ce massif se prolonge au nord-ouest, en formant la chaîne de plus en plus abaissée de Fondromé, qui s'étend jusqu'au delà de Remiremont. Au sud il présente des contreforts disposés en patte d'oie qui, d'une part, s'élèvent jusqu'aux crêtes et de l'autre se perdent insensiblement dans les plaines de la Franche-Comté. Ces contreforts du Ballon d'Alsace nous offrent encore des dômes assez élevés, tels que le Bârenkopf, 1077 mètres; le Gresson, 1107 mètres; le Morteville, 1100 mètres; le Rimbachkopf, 1105 mètres; le Rossberg, 1196 mètres, etc.

La ligne de faîte du massif méridional se courbe à partir du Ballon d'Alsace pour prendre la direction du sud au nord; elle nous présente plusieurs cimes élevées, telles que la Tête des Neuf bois, 1234 mètres, et d'autres; puis au delà du col de Bussang, 722 mètres, on rencontre bientôt le Drumont, 1208 mètres; le Grand-Ventron, 1209 mètres. A partir du col de Wildenstein, la ligne de faîte s'infléchit un peu à l'est vers le Rotabac, et c'est à cette dernière montagne que le massif du Ballon de Guebwiller se rattache à la chaîne centrale par une série de dômes, parmi lesquels on compte le Schweiselkopf, 1290 mètres; le Wissort, 1318 mètres; le Kleinkopf, 1333 mètres; le Steinlebach, 1275 mètres; l'Auffriet, 1190 mètres; la Tête de chien, 1363 mètres; le Ballon de Guebwiller, 1426 mètres; le Stranberg,

1274 mètres; et le Mulchren, 1228 mètres, dont la direction générale est celle du nord-ouest au sud-est. Nous ferons observer, et nous aurons plus d'une fois à signaler des faits semblables, que c'est vers l'extrémité orientale de cette ligne de dômes que se trouve le Ballon de Guebwiller lui-même, le sommet le plus élevé des Vosges. Il domine au loin toute la plaine d'Alsace et les contrées environnantes.

Après la réunion de la crête du massif du Ballon de Guebwiller à l'axe de la chaîne centrale, celle-ci prend la direction du sud-sud-ouest au nord-nord-ouest, et arrive au Rotabac, élevé de 1319 mètres au-dessus du niveau de la mer; puis se présente le Hohneck qui, par son altitude de 1366 mètres, n'est que la seconde montagne des Vosges, mais qui, par son énorme base, en forme en réalité le massif principal (1). Il est limité au nord par le col du Schlucht, élevé de 1150 mètres.

Au delà de ce col, la ligne de faîte se continue par la montagne de Thanet, 1296 mètres; les hautes Chaumes de Pairis, 1305 mètres; le Gazon de la Fête, 1306 mètres; enfin elle atteint le Climont à sommet plat, qui n'a plus que 974 mètres d'altitude. En dehors de la crête centrale, et à l'est de la ligne qu'elle forme, on trouve encore le Bonhomme, 1087 mètres; le Brézouars, 1231 mètres; le Haut des Héraux, 998 mètres.

(1) Hogard, *Description minéralogique et géologique du système des Vosges*, 1837, in 8°, p. 9.

Au delà du col de la Steige, 597 mètres, nous trouvons le massif du Champ-du-Feu, dont le principal sommet atteint 1095 mètres au-dessus du niveau de l'Océan et nous offre encore une ile gazonnée, qui surgit au-dessus de la région des bois.

Des escarpements presque verticaux existent çà et là vers l'est et à peu de distance des points culminants de la chaine centrale. C'est surtout dans la région la plus élevée qu'ils se montrent et à l'origine des grandes vallées qui s'ouvrent vers la plaine du Rhin. Ils atteignent souvent plus de 400 mètres de hauteur absolue. Ces lieux abruptes, qui recèlent les plus grandes richesses végétales de la contrée, se présentent sous forme d'amphithéâtres à la naissance des différents vallons qui, du Hohneck et des sommités voisines, convergent vers la vallée de Munster. Ces amphithéâtres se trouvent également à l'est aux Ballons-d'Alsace et de Servance, au fond de la vallée de Massevaux.

Les vallées sont extrêmement nombreuses dans les Hautes Vosges. Celles de la pente orientale sont profondément creusées, à pente assez raide et viennent se raccorder avec la plaine de l'Alsace. Celles de la pente occidentale sont moins encaissées, leur pente est plus douce, elles sont moins accidentées, plus froides, plus sauvages et généralement plus boisées.

La vallée de la Bruche forme la limite septentrionale du groupe de montagnes, dont nous avons jusqu'ici parlé et qui constitue ce qu'on appelle les Hautes Vosges. Mais il n'a été jusqu'ici question que de ses reliefs les plus saillants. Il faut aussi en décrire la base. Celle-ci est formée par une ceinture plus ou moins continue de montagnes plus basses et d'un aspect bien différent quant à leur forme et à leurs profils, ce qui indique une différence profonde dans leur constitution géologique. Cette ceinture est, en effet, formée de montagnes qui, au lieu d'être en dôme, sont aplaties à leur sommet et affectent des formes carrées. Nous verrons plus loin qu'elle est formée de grès vosgien.

Au sud et au pied des Ballons-d'Alsace et de Servance, elle est étroite et assez déprimée; elle ne forme que des coteaux de 300 à 400 mètres d'altitude, le mont Salbert seul, au nord de Belfort, atteint 646 mètres.

A l'est la série de ces basses montagnes est souvent interrompue, toujours étroite et généralement peu élevée. A l'est de Villé toutefois se trouve le Ungersberg, dont la partie supérieure isolée de toute part atteint 904 mètres et forme un jalon qui indique la direction de cette chaîne interrompue. Elle reparaît bientôt au nord de cette montagne et forme à la base du Champ-de-Feu un groupe assez important, qui se prolonge, d'une manière continue, au delà de la vallée de la Bruche, où nous le suivrons plus tard. Ces montagnes de l'est sont raides et souvent même très-escarpées; elles diffèrent en cela singulièrement des montagnes de même nature qui entourent à l'ouest la base du massif central des Hautes Vosges. C'est de cette chaîne occidentale que nous allons maintenant nous occuper.

Celle-ci forme une bande beaucoup plus large, généralement plus élevée et parfaitement continue, qui s'étend jusqu'au delà de Plombières, touche à Épinal, s'approche de Baccarat et de Badonvillers. Ces montagnes de grès vosgien s'abaissent insensiblement en se rapprochant de la plaine de Lorraine où elles se terminent par des escarpements peu élevés ; le sol arénacé se relève, au contraire en se rapprochant du massif central et y pénètre même sur quelques points de manière à y former des sommets isolés plus ou moins élevés, tels que le Haut-du-Tault (980^m), le Haut-du-Roc (1016^m), et plusieurs autres sommités qui mesurent de 600 à 800 mètres d'altitude. Les vallées qui prennent naissance dans ces contreforts et le prolongement de celles qui sont creusées dans le revers occidental des Hautes Vosges, plaisent au voyageur par leur pente douce, leur aspect à la fois gracieux et varié.

Entre les Hautes Vosges et la chaîne septentrionale qui les continue, se trouve la montagne du Donon, qui par sa base géologique et par son élévation de 1013 mètres au-dessus du niveau de la mer, semblerait devoir participer aux caractères que présentent les dômes du massif central, mais qui ne leur ressemble en rien par ses formes. Au lieu d'avoir une cime arrondie et gazonnée, elle est au contraire couronnée de grands rochers presque nus, qui circonscrivent un plateau, qu'on croirait formé par une dalle homogène et plane; en cela elle ressemble aux montagnes de grès, mais aussi son sommet est constitué par cette roche stratifiée.

Au nord du Donon, les deux bandes de montagnes de grès vosgien, qui circonscrivent les Hautes Vosges, se réunissent pour constituer les Basses Vosges, qui conservent la direction générale de la chaîne centrale jusqu'au delà de Bitche. Puis, en dehors des limites actuelles de la France, elles s'infléchissent vers le sud-ouest pour circonscrire le pays de Deux-Ponts et par une courbe en sens inverse de la première, contournent au sud les montagnes du Houndsruck, rentrent sur notre territoire à quelques lieues de Forbach, pour en sortir définitivement au nord de Willing et remonter vers le Nord.

La chaîne des Basses Vosges, assez développée au nord du Donon et s'étendant sur une largeur de 18 à 20 kilomètres, se rétrécit beaucoup à la hauteur de Saverne, puis s'élargit de nouveau plus au nord et atteint son plus grand développement en dehors de nos limites.

La hauteur des Basses Vosges décroît du sud au nord. Le Hengst a encore 890 mètres d'altitude; le Schneeberg 963; le Prancey 983; mais le sommet des montagnes de Dabo n'atteint plus que 532 mètres et au delà la chaîne s'abaisse de plus en plus; le col de la montée de Saverne n'est plus qu'à 428 mètres et le fort de Bitche à 320. Cette chaîne s'abaisse également de l'est à l'ouest vers les plaines de la Lorraine; elle est plus abrupte du côté de l'Alsace et constitue partout des plateaux à pente occidentale.

Les Basses Vosges sont couvertes de forêts jusqu'à leur sommet et leurs vallées sont bien moins nombreuses que celles des Hautes Vosges.

A l'ouest des Vosges règne une plaine très-étendue, à surface ondulée, parcourue par de nombreux cours d'eau et dont la pente s'abaisse insensiblement de l'est à l'ouest et aussi vers le nord le long du cours de la Moselle. Cette plaine, ainsi bornée à l'est par les montagnes vosgiennes, l'est au nord-est par les coteaux qui dominent la rive droite de la Sarre, à l'ouest par la chaîne jurassique et elle s'étend au sud en s'élevant graduellement jusqu'à la ligne de partage des eaux du bassin de la Moselle et du bassin de la Saône. Elle ne nous offre plus que quelques points culminants, sentinelles avancées de la chaîne jurassique, détachées du massif principal et comme perdues au milieu de la plaine; telles sont, du sud au nord, les côtes de La Mothe qui a 506 mètres d'altitude au-dessus du niveau de la mer; de Lunnécourt, 493 mètres; de Vouxey, 418 mètres; de Saint-Jean d'Aboncourt, 474 mètres; le Mont-Curel, 453 mètres; les côtes de Pulney, 490 mètres; de Sion-Vaudémont, 495 mètres; de Tincry, 375 mètres; et de Delme, 399 mètres. Enfin, plus au centre de cette grande plaine, on aperçoit de loin le mamelon de la côte d'Esscy, qui mesure 427 mètres au-dessus du niveau de l'Océan.

Les montagnes jurassiques ont, en Lorraine, un grand développement, sinon en hauteur, du moins en largeur; elles nous présentent cinq chaînes distinctes, et forment à leur sommet des plateaux presque toujours inclinés à l'ouest ou au sud-ouest.

La première chaîne traverse toute la Lorraine et s'étend au sud pour rejoindre le plateau de Langres et au nord-ouest jusqu'à Montmédy, d'où elle se joint aux Ardennes. Assez peu large au midi, elle offre un certain développement entre Nancy et Toul, où son plateau constitue la plaine de la Haye ou de Heys, remarquable par son uniformité et par l'absence de reliefs saillants. Mais cette plaine, presque complétement boisée, offre des vallons profonds, étroits et escarpés, connus dans le pays sous le nom de *Fonds,* et la plupart d'entre eux n'offrent pas de cours d'eau parce qu'ils n'atteignent que rarement la couche imperméable d'argile, qui établit le niveau de toutes les fontaines de la contrée. Ces vallons très-sauvages se réunissent presque tous au-dessous des Baraques pour former la vallée de Champigneulles, qu'on désigne plus généralement sous le nom de Vallée-des-Fonds-de-Toul.

Vers le nord cette même chaîne s'élargit bien plus encore et forme aussi un plateau très-considérable, dont Bricy est à peu près le centre, qui s'étend jusqu'aux frontières du Luxembourg, franchit les limites du département de la Meuse et présente les mêmes caractères que la plaine de la Haye; mais il est plus élevé et s'exhausse insensiblement jusqu'à 460 mètres d'altitude qu'il atteint entre Aumetz et Audun-le-Tige. Sa surface est aussi creusée de vallées profondes et plus ou moins abruptes, telles que celles de la Crunes, de la Chiers, de l'Orne et du Rud-de-Mad. Ce plateau est terminé à l'est, sur bien des points, par une falaise assez élevée; il est connu sous le nom de *Pays-Haut*.

La Moselle pénètre dans la première chaîne jurassique entre Messein et Bainville-sur-Madon; la Meurthe s'y engage à Nancy pour se réunir à la Moselle à Frouard; c'est encore à travers cette même chaîne que la Meuse franchit au sud-ouest les limites de la Lorraine pour gagner Neufchâteau.

Ces trois grandes vallées de la Moselle, de la Meurthe et de la Meuse, dans leur trajet à travers la première chaîne jurassique ont une physionomie qui leur est propre. De riches prairies naturelles s'étendent le long de leur cours dans toute la région basse; mais le sol de ces vallées s'élevant peu à peu vers leurs flancs, une zone de champs cultivés règne au-dessus des prairies; puis, le terrain devenant de plus en plus raide, des vignobles occupent les pentes bien exposées; enfin des bois couronnent généralement le sommet des coteaux et s'étendent aussi sur les plateaux, où déjà la culture des céréales leur dispute une partie du sol végétal.

Cette première chaîne est la plus haute des quatre et comme la Moselle et la Meurthe la divisent en quatre groupes de coteaux, nous étudierons successivement chacun d'eux au point de vue de l'altitude.

Le groupe méridional séparé transversalement du reste de la chaîne par la partie de la vallée de la Moselle, qui s'étend de Messein à Toul, est celui qui nous offre les sommets les plus élevés et cette disposition, déjà vraie pour les Vosges, s'étend à toutes nos chaînes jurassiques et forme l'un des points saillants de la configuration du sol de notre ancienne province. Nous trouvons, en effet, pour ce groupe méridional et en procédant du sud au nord les altitudes suivantes : signal de Sartes, 467 mètres ; côte de Vaudrecourt, 476 mètres ; entre Gondreville et Roncourt, 488 mètres ; côtes de Landoville-le-Haut, 483 mètres ; de Rouvres-la-Chétive, 455 mètres ; de Coincelles, 469 mètres ; signal d'Auze, 481 mètres ; arbre de Beuvezin, 475 mètres ; côtes de Féconcourt, 491 mètres ; de Vandeléville, 460 mètres ; de Battigny, 458 mètres ; de Goviller, 439 mètres ; de Crépey, 417 mètres ; de Germigny, 447 mètres ; de Pont-Saint-Vincent, 418 mètres. Mais la pente occidentale de ce massif de coteaux ne présente pas de sommets qui dépassent 350 mètres et descend même plus bas.

La portion de la chaîne, qui est circonscrite presque entièrement par la Moselle et par la Meurthe et qui sépare Nancy de Toul, en formant le plateau de la Haye, ne dépasse pas 388 mètres d'altitude, qu'il atteint au Camp-d'Afrique, au-dessus de Ludres ; il mesure encore 358 mètres à la côte de Pimont près de Frouard ; mais il est moins élevé dans les points intermédiaires et à la côte de Buthegnémont, qui domine Nancy, il n'a plus que 331 mètres.

La Meurthe et la Moselle séparent encore de la chaîne principale un autre groupe de coteaux, moins continus, il est vrai, qui s'étendent sur la rive droite de ces deux rivières et longent leur cours depuis Nancy jusqu'à Jouy-aux-Arches ; ils sont assez élevés, ce qu'explique leur position orientale, relativement à la chaîne centrale. Nous y trouvons le coteau d'Amance dont le sommet atteint 410 mètres au-dessus du niveau de la mer; la côte Sainte-Geneviève-lès-Nancy, 375 mètres ; celle de Malzéville, 369 mètres ; de Bouxières-aux-Dames, 303 mètres; de Mousson, 386 mètres ; de Sainte-Geneviève-lès-Pont-à-Mousson, 390 mètres ; d'Autreville, 374 mètres, et de Vittonville, 401 mètres.

Sur la rive gauche de la Moselle depuis Villey-Saint-Etienne jusqu'à nos limites septentrionales, se trouve le quatrième groupe de coteaux, qui occupe une très-grande étendue. Nous trouvons pour cote d'altitude des coteaux situés le plus à l'est, les suivantes : au-dessus de Pompey, 365 mètres ; au-dessus de Montauville, 350 mètres; au-dessus de Norroy, 324 mètres ; à Prény, 365 mètres ; au-dessus de Pagny-sur-Moselle, 344 mètres ; au-dessus de Gorze, 303 mètres ; mont Saint-Quentin, 350 mètres ; au-dessus de Saulny, 386 mètres ; au-dessus de Pierrevillers, 385 mètres ; au mont Saint-Michel, 378 mètres; au-dessus d'Algrange, 398 mètres ; au-dessus d'Echerange, 484 mètres ; etc.

Ce plateau s'abaisse vers l'ouest, où il dépasse rarement 300 mètres d'altitude sur les confins du département de la Meuse.

La première chaîne est séparée de la seconde par la plaine de la Woëvre, remarquablement unie, dont la largeur varie de 6 à 15 kilomètres. Elle se maintient, dans toute sa partie médiane, depuis Toul jusqu'à Hattonchatel à une hauteur moyenne de 240 mètres au-dessus de l'Océan ; elle n'en a plus que 220 mètres à Damvillers et s'abaisse insensiblement jusqu'à la rencontre du bassin de la Meuse, dont le niveau entre Dun et Stenay varie de 176 à 170 mètres. Au sud, elle s'élève au contraire ; elle atteint 282 mètres à Neufchâteau et s'exhausse jusqu'à 348 mètres avant de quitter nos limites.

La seconde chaîne est celle des côtes de la Woëvre. Elle s'étend parallèlement à la plaine, dont il vient d'être question et à la direction du cours de la Meuse, si ce n'est toutefois au sud, où ce fleuve s'en écarte. Les côtes de la Woëvre présentent généralement des pentes rapides à leur sommet et très-adoucies à leur base ; elles offrent des contreforts transversaux moins élevés, qui se fondent dans la plaine à la distance de 1 à 2 kilomètres. Le plateau, qui les surmonte, est creusé de vallons profonds et encaissés qui, pour la plupart, s'ouvrent dans le bassin de la Meuse ; il est complètement boisé.

Son altitude décroît du sud au nord. Elle atteint, à la

côte de Barisey, au-dessus de Buligny, 415 mètres; au-dessus de Blénod-lès-Toul, 434 mètres; au signal d'Hattonchatel elle mesure encore 412 mètres; mais au-dessus de Fleury et à Douaumont elle descend à 388 mètres, et s'abaisse au nord à un niveau inférieur à 300 mètres.

La vallée de la Meuse est étroite et son plafond ne mesure guère que 700 à 1500 mètres : elle est moins élevée que la plaine de la Woëvre et à sa sortie de nos limites, au-dessous de Pouilly, elle présente pour cote d'altitude 162 mètres.

La troisième chaine s'élève assez brusquement sur la rive gauche de la Meuse, du moins dans toute la partie méridionale du cours de ce fleuve, mais plus doucement vers le nord. Le plateau qui en résulte a, par exception, une double pente, l'une vers la Meuse, l'autre vers l'ouest qui se termine au pied de la chaine suivante.

Les points culminants de cette chaine se montrent aussi vers le sud. Entre Trampol et Brechainville, elle atteint 423 mètres au-dessus du niveau de la mer; près de Chermizey, 448 mètres; au-dessus de Vandeléville, 416 mètres; à la côte de Vouthon-Bas, 420 mètres, et à celle d'Amanty 423 mètres. Elle s'abaisse insensiblement vers le nord, où elle est bien plus déprimée que la chaine précédente.

La quatrième chaine ne traverse que le département de la Meuse et se prolonge d'une part dans la Haute-

Marne et de l'autre dans les Ardennes. C'est vers le sud que cette chaine a son plus grand développement et sa plus grande élévation. Le point culminant est près de Menil-la-Horgne et mesure 414 mètres; près de Sivry-la-Perche et de Moutier on trouve encore 357 et 356 mètres, puis la crête s'abaisse; elle finit vers le nord par s'effacer et par se confondre dans le sol du plateau inférieur.

Cette chaine constitue ce que l'on a nommé le plateau du Barrois. La partie la plus développée formait le territoire de l'ancien duché de Bar et mesure en largeur une étendue de plus de 30 kilomètres. Au nord, au contraire, la chaine se rétrécit. Elle offre, comme les précédentes, une inclinaison très-évidente vers l'ouest; car dans cette direction l'altitude descend à 200 mètres et même au-dessous de cette cote.

Les vallées de l'Ornain et de la Saulx traversent le plateau du Barrois du sud-est au nord-ouest; elles sont étroites, profondes et encaissées. Plus au nord la vallée de l'Aire longe, dans une grande partie de son cours, le pied de la chaine suivante, constituée par les montagnes de l'Argonne.

Cette cinquième chaine forme notre limite occidentale, mais ne pénètre sur notre sol que dans une étendue peu considérable; elle n'atteint pas en Lorraine une élévation de plus de 300 mètres au-dessus du niveau de la mer, mais reste habituellement au-dessous de ce niveau.

Hydrographie. — La Lorraine est arrosée par de nombreux cours d'eau, qui entretiennent sa fertilité et donnent de la vigueur à sa végétation. Tous prennent naissances sur notre territoire, qui devient ainsi le centre d'un vaste système hydrographique. La Meuse seule a sa source à très-peu de distance des frontières actuelles du département des Vosges, mais nous appartient en réalité par la configuration du sol.

Cependant les diverses parties de notre territoire ne sont pas toutes également favorisées, sous le rapport hydrographique. Ce qui frappe surtout dans le grand massif central des Vosges, c'est non-seulement sa configuration physique, et le nombre considérable de grandes et de petites vallées, creusées sur ses flancs, mais aussi la multitude de petits ruisseaux qui sillonnent ces montagnes. Ce fait n'est pas particulier à cette partie des Vosges; c'est un fait général que présentent toutes les montagnes dont le sol appartient aux terrains cristallisés. « Cette disposition, suivant MM. Dufrenoy et Elie de Beaumont (1), est si prononcée, qu'on peut tracer approximativement les limites de ces terrains par la seule considération des cours d'eau. »

Ces faits sont d'autant plus remarquables, que les Basses Vosges à sol arénacé et très-perméable font, sous ce rapport, un contraste évident avec les Hautes Vosges;

---

(1) Dufrenoy et Elie de Beaumont, *Explication de la carte géologique de France*, Paris, 1841, in-4°, t. I, p. 5.

les ruisseaux y deviennent infiniment plus rares. Notre chaine jurassique, avec ses plateaux étendus et son sol fendillé, montre des différences encore plus tranchées, puisqu'elle ne présente pas de sources dans la partie supérieure de ses rares vallées et que beaucoup d'entre elles ne sont arrosées que par les eaux pluviales.

C'est aussi dans les Hautes Vosges qu'on observe de véritables lacs. Les déchirements du sol, la profondeur et l'escarpement des vallées, les éboulis de roches et les anciennes moraines qui sont venus barrer les vallées, enfin des entonnoirs naturels creusés à la base d'un cirque de rochers, leur ont donné naissance. Ils sont assez nombreux, principalement sur le revers occidental et se montrent presque à toutes les hauteurs.

Tels sont les lacs :

de Gérardmer dont le niveau atteint	640 ^{m}.	d'altitude.
de Longemer	746	—
de Retournemer	780	—
de Lispach	740	—
des Corbeaux	900	—
de Blanchemer	1050	—
le lac vert	980	—
le lac noir	950	—
le lac blanc	1054	—
le lac du Ballon de Guebwiller	1060	—

Il en est d'autres encore, tels que ceux de Sceewen, de Neuwiller, de Sternsee dans la vallée de Massevaux, celui de Fondromé au-dessus de Rupt et enfin celui de la Maix entre Saint-Dié et Framont.

Quelques-uns de ces lacs ont une étendue assez considérable ; tels sont ceux de Gérardmer dont la superficie est de 116 hectares et celui de Longemer qui en mesure 75.

Si les lacs se montrent principalement dans les vallées des hautes chaînes de montagnes, qui doivent leur origine à des soulèvements, les étangs naturels se montrent surtout dans les plaines argileuses et à sol imperméable. Bien qu'un grand nombre d'étangs aient été desséchés sur notre territoire, on en trouve encore un assez grand nombre, mais à peu près exclusivement dans la grande plaine de Lorraine et dans celle de la Woëvre. Tels sont, dans la première de ces plaines, les étangs de Lindre, de Stock, de Gondrexange, de Fulcrey, de Mittersheim, de Virming, de Benestroff, de Mutche, de Vallerange et ceux de Longeville-lès-Saint-Avold. Tels sont dans la plaine de la Woëvre, ceux de la Reine, de la Rosières, de la Chaussée, de Saint-Benoit, de Bouconville, de Pannes, de la Perche, de Champrés, de Rouvres, de Senon, etc.

Parmi eux, il en est dont la superficie est assez considérable ; nous pouvons citer les suivants :

Étang de Lindres	671	hectares.
Étang de Stock	242	—
Étang de Gondrexange	463	—
Étang de Forêt-la-Reine	162	—
Étang de la Chaussée	559	—
Grand étang de Saint-Benoit	350	—
Étang de Bouconville	166	—

Les divers cours d'eau, qui naissent en Lorraine et sillonnent une étendue plus ou moins grande de son territoire, appartiennent à quatre bassins distincts.

Ainsi, un certain nombre d'entre eux, qui ont leur source à peu de distance en deçà de notre frontière méridionale, tels que le Combauté, l'Augronne, le Coney et la Saône, appartiennent au bassin du Rhône. Il est toutefois un étang, celui de Void-le-Cône qui, situé à la limite des cantons de Remiremont, de Plombières et de Xertigny, donne issue à deux ruisseaux ; l'un est le Concy, qui verse ses eaux dans la Saône, l'autre appelé la Niche débouche dans la Moselle. Cette source est donc tributaire à la fois des bassins du Rhône et du Rhin.

Le revers oriental des Vosges offre un assez grand nombre de rivières, dont le cours est très-peu étendu. Parmi elles, il n'en est qu'un petit nombre qui, prenant leur source en Lorraine, franchissent la ligne de faîte qui nous sépare de l'Alsace. Telles sont, cependant, le Milbach qui franchit le col de la Steige, la Bruche, la Zorn, la Moder, qui appartiennent au bassin du Rhin. Il en est de même de toutes celles qui descendent du revers occidental de la chaîne des Vosges et, parmi elles, nous pouvons signaler les suivantes :

1° La Moselle : elle reçoit bientôt sa tributaire la Mosellotte, qui s'y déverse à Remiremont ; elle sort à Epinal de la chaîne vosgienne, puis reçoit le Durbion et continue son cours dans la grande plaine de Lorraine, qu'elle traverse obliquement du sud-est au nord-est, pénètre dans la chaîne jurassique entre Messin et Bainville-sur-Madon, passe à Toul, à Pont-à-Mousson, ressort à Jouy-aux-Arches du massif de nos collines calcaires, pour en longer la base jusqu'à nos limites au delà de Sierck, après avoir visité Metz et Thionville.

2° La Vologne : elle traverse les lacs de Retournemer et de Longemer, reçoit bientôt les eaux du lac de Gérardmer, celles du Neuné et du Barba et se perd dans la Moselle à Jarménil.

3° La Meurthe : cette rivière jointe à la Fave, traverse Saint-Dié ; s'augmente des eaux du Rabodeau et de la Plaine à Raon-l'Etape, sort des montagnes des Vosges à Baccarat, passe au sud de Lunéville, touche à Nancy et se jette dans la Moselle au-dessous de Frouard.

4° La Vezouse : elle prend sa source dans la chaîne des Basses Vosges, traverse Blâmont, reçoit au-dessous de cette ville l'Albe, la Blette, la Verdurette, la rivière de l'Etang et celle des Amis et a son embouchure dans la Meurthe à Sainte-Anne, au-dessous de Lunéville.

5° La Sarre : elle a ses sources au pied du Donon, passe à Sarrebourg et à Sarrealbe, reçoit plusieurs petits cours d'eau et va se rendre dans la Moselle au delà de nos frontières actuelles.

Quelques rivières ont leur origine dans la plaine même de la Lorraine.

Parmi celles qui sont tributaires de la Moselle, on compte : l'Arrière qui s'y déverse au-dessous de Châtel, l'Eurou qui s'y jette à Bayon, le Madon à Pont-Saint-

Vincent, la Seille qui prenant naissance dans l'étang de Lindre, s'y décharge à Metz, le Caurnens qui y tombe à Kœnigsmacker.

Celles qui sont tributaires de la Meurthe, sont : la Mortagne qui y arrive à Mont et le Sanon qui s'y jette à Dombasle.

Enfin la Nied, après avoir traversé plus d'un tiers de la plaine de Lorraine, à peu près dans la direction du sud au nord, franchit nos limites près de Guerstling et près de là se joint à la Sarre.

Le système hydrographique de nos montagnes jurassiques est plus complexe que celui des Vosges et celui de la plaine de Lorraine ; les chaines parallèles qui les constituent s'ouvrent souvent pour donner passage aux rivières. Nous avons déjà vu que la Moselle et la Meurthe y pénètrent et y font un assez long parcours.

La Meuse disparait au moulin de Bazoille, à peu de distance de ses sources, pour ressortir, par une multitude de sources tout près de Neufchâteau ; mais les eaux abondantes de l'hiver coulent aussi dans le lit supérieur, qui, en été, est cultivé. Ce fleuve parcourt, dans presque toute sa longueur, notre chaine jurassique, et marche presque constamment entre deux lignes de coteaux, qui appartiennent à la même formation géologique, le coralrag, comme si cette formation avait été fendue longitudinalement pour établir le lit de ce grand cours d'eau.

Les rivières et les ruisseaux, qui ont leur source dans

nos montagnes jurassiques, ne sont pas tous tributaires de la Meuse. Il en est qui ont leur embouchure dans la Moselle, d'autres dans l'Aisne ou dans la Marne.

Ceux qui se déchargent dans la Moselle sont : la Bouvade, qui s'y joint à Toul, le Terroin au-dessous d'Aingeray, le Rupt-de-Mad à Arnaville, l'Orne à Richemond, la Fensche à Thionville. Ces cinq rivières ont leur source dans la partie médiane de la plaine de la Woëvre, mais les trois dernières, au lieu de suivre la pente générale du sol que forment les plateaux jurassiques de l'est à l'ouest, coulent dans des vallées dont la pente est inverse et franchissent ainsi la première chaine, c'est-à-dire, la plus élevée, pour verser leurs eaux dans la Moselle.

D'autres rivières, qui prennent naissance dans le nord de la première chaine jurassique, versent, au contraire, leurs eaux dans la Meuse. Telles sont : la Chiers qui, après avoir reçu la Crunes à Longuion, l'Othain à Montmédy, et le Loison au-dessous de cette ville, se jette dans la Meuse au-dessous de Sedan.

La Meuse reçoit presque toutes les petites rivières et les ruisseaux des coteaux qui la dominent à l'est et à l'ouest.

La rivière d'Aire, qui nait dans la quatrième chaine jurassique, la parcourt dans ses deux tiers septentrionaux et, après avoir reçu l'Erzule et la Cousance, passe à Varennes et va se joindre à l'Aisne au dehors de nos limites.

La troisième et la quatrième chaines jurassiques sont

parcourues obliquement du sud-est au nord-ouest, par les rivières d'Ornain et de la Saulx, qui se réunissent au delà de notre frontière pour verser leurs eaux dans la Marne.

Ainsi donc les rivières de la Lorraine appartiennent à quatre bassins différents; ce sont ceux du Rhône, du Rhin, de la Meuse et de la Seine.

CHAPITRE II.

DES INFLUENCES QUI DÉPENDENT DE L'ATMOSPHÈRE.

Les agents extérieurs, qui dépendent de l'atmosphère, sont la chaleur, la lumière, l'air, l'eau, qui, dans chaque lieu, se combinent en un certain rapport pour former ce qu'on appelle le climat.

La chaleur.

La température n'est pas la même sous toutes les latitudes et chacun sait qu'elle s'accroît du pôle à l'équateur. Mais elle n'est pas, toutefois, distribuée d'une manière uniforme dans chacune des zones terrestres comprises entre les mêmes parallèles. La température varie et, quelquefois même beaucoup, d'une localité à une localité voisine, suivant l'exposition, les abris et surtout l'altitude, qui modifient d'une manière notable l'influence de la latitude.

INFLUENCE DE LA LATITUDE. — La Lorraine située entre le $47°,51$ et le $49°37'8''$ de latitude septentrionale et entre le $2°53'13''$ et le $5°,18'$ de longitude à l'est du méridien de l'Observatoire de Paris, n'a pas une température complétement identique à celle qui caractérise les autres parties de la France placées entre les mêmes parallèles.

Et d'abord, la température de notre climat ne paraît plus être soumise aux influences du voisinage de l'Océan, si évidentes sur nos côtes de l'ouest, très-sensibles encore à Paris et même en Champagne. La chaîne des montagnes de l'Argonne semble interrompre vers l'est les dernières traces des effets du climat maritime.

D'une autre part, les principales rivières, qui arrosent l'ancienne province de Lorraine, telles que la Sarre, la Meurthe, la Moselle et la Meuse, coulent dans des vallées qui s'ouvrent vers le nord ou le nord-ouest, et les vents assez fréquents qui, pendant la saison d'hiver, soufflent des régions glacées, abaissent singulièrement la température dans cette saison rigoureuse.

Nous ferons observer, en outre, que le voisinage de la chaîne des Vosges, qui forment notre limite orientale, et qui est couverte, pendant plus d'une moitié de l'année, de neiges abondantes, refroidit aussi singulièrement nos contrées.

D'après les observations faites à Nancy par M. le docteur Simonin père, depuis 1841 jusqu'à 1859 inclusivement, l'hiver y est généralement assez froid et le thermomètre y est descendu jusqu'à — 19°38 c. L'été, au contraire, y est quelquefois assez chaud et la température s'y est élevée jusqu'à + 32°50 c. Mais des observations plus anciennes recueillies à Nancy par l'abbé Vaultrin, de 1766 à 1820, nous donnent pour la chaleur la plus grande + 37°,12 c. le 26 juillet 1782 et pour le froid extrême — 26°,25 c. le 5 pluviôse an III (1).

A Metz, on a une série d'observations faites très-régulièrement par M. Schuster (2) à l'Ecole d'application de l'artillerie et du génie, de 1825 à 1834, c'est-à-dire pour une période de dix années. Il en résulte, que la température la plus élevée a été de + 36°10 c. le 3 août 1826 et le froid extrême s'est montré, le 31 janvier 1830, où le thermomètre est descendu à — 20°,50. Mais, d'après des observations plus anciennes, faites également à Metz, cet instrument a marqué en 1781, + 38°,13 c., et, en 1784, la colonne est descendue à — 27°,50 c.

(1) J.-B. Simonin, dans *Le département de la Meurthe, Statistique historique et administrative*, par Henri Lepage. Nancy, 1845, in-8°, t. I, p. 107.
(2) De Chastellux, *Statistique du département de la Moselle, ouvrage administratif*; Metz, 1854, in-8°, t. I, p. 111.

A Epinal on a noté exactement les variations thermométriques, de 1776 à 1835 ; le maximum de chaleur a été de $+ 36°,83$ c., en juillet 1778 et le froid le plus intense a eu lieu le 3 février 1830, où le thermomètre s'est abaissé à $— 25°,62$ c. (1).

Enfin à Verdun, M. Varaigne, professeur au collège de cette ville, a recueilli aussi les indications du thermomètre depuis 1806 jusqu'en 1842. Dans cette période de 36 ans, le jour le plus chaud a été le 31 juillet 1807, où cet instrument a marqué $+ 36°$ c., et le jour le plus froid est le 31 janvier 1838, où il est descendu à $— 20°$ c. (2).

Ces chiffres permettent de calculer les plus grandes excursions thermométriques, constatées en Lorraine; elles sont : de $63°,37$ c. pour Nancy, de $65°,63$ c. pour Metz, de $62°,45$ c. pour Epinal, de $57°$ c. pour Verdun.

La Lorraine doit donc être rangée parmi les climats excessifs du territoire de la France ; M. Charles Martins l'a désigné sous le nom de *climat vosgien*.

Nous n'indiquons pas ici les températures moyennes de l'année, que nous trouverions, du reste, aux sources que nous venons de signaler. Elles n'ont pas la même importance, relativement à la végétation, que les tem-

---

(1) *Le département des Vosges, Statistique historique et administrative*, par Henri Lepage et Charton, Nancy, 1845, in-8°, t. I, p. 689.

(2) *Mémoires de la Société Philomathique de Verdun*, t. II (1843). p. 259 et suivantes.

pératures extrêmes. Mais, comme l'ont démontré MM. Boussingault, Quetelet, de Gasparin et Alph. de Candolle, il en est autrement des sommes de chaleur utile, en rapport avec la constitution de chaque espèce végétale et qui permettent leur existence et leur propagation ; elles jouent un rôle infiniment plus important. C'est là une des conditions essentielles qui rend possible la naturalisation d'une plante étrangère sur un point déterminé ou facilite l'extension des espèces indigènes. Là où les températures extrêmes n'arrêtent pas la végétation et ne désorganisent pas les végétaux, là où les sommes de chaleur utile suffisent pour produire la maturité des graines, leur existence et leur propagation deviennent possibles, du moins en ce qui concerne les influences calorifiques.

On a cherché à déterminer, d'une manière assez précise, et à soumettre au calcul ces sommes de chaleur utile ; on y parvient en constatant la durée de la végétation d'une espèce depuis le développement des bourgeons au printemps jusqu'à la maturité des graines. On prend pour cela, pendant une certaine série d'années, la moyenne des températures, pendant lesquelles la végétation d'une espèce a parcouru toutes ses phases et l'on multiplie cette moyenne par le nombre des jours que cette période a durée. On obtient ainsi la somme des températures nécessaires à l'espèce mise en expérience.

Mais les températures moyennes, établies mois par

mois, varient d'une année à l'autre, ce qui modifie nécessairement le début de la période de végétation, l'époque de la floraison et celle de la fructification et il n'est pas indifférent de connaître ces variations, qui dépendent des modifications de la température. Or, nous possédons des observations de ce genre faites à Nancy, pendant les dix-sept dernières années ; à Epinal de 1821 à 1834, et qui portent spécialement sur quelques végétaux cultivés.

A Nancy, pendant la période indiquée, les abricotiers ont fleuri du 28 février au 15 avril ; les cerisiers du 25 mars au 29 avril ; les marronniers du 29 mars au 24 mai ; les tilleuls du 14 juin au 1er juillet ; le colchique d'automne du 19 août au 24 septembre. La floraison de la vigne a eu lieu du 8 au 25 juin et la vendange s'est effectuée du 14 septembre au 20 octobre. La fenaison a commencé du 31 mai au 29 juin ; la coupe des seigles du 6 au 29 juillet ; celle du froment du 16 juillet au 12 août. Les fruits du houblon ont été récoltés du 21 août au 27 septembre (1).

D'après les observations faites dans l'arrondissement d'Epinal (2), les abricotiers ont fleuri du 10 mars au 1er mai ; les cerisiers du 15 mars au 4 mai ; les pommiers du 20 avril au 20 mai ; les navettes du 1er avril au

---

(1) J.-B. Simonin, *Mémoires de l'Académie de Stanislas* de 1842 à 1859.

(2) *Le département des Vosges, Statistique historique et administrative* ; Nancy, 1845, in-8°, t. 1, p. 683.

18 mai; les seigles du 20 mai au 1er juin; les blés du 25 mai au 25 juin; la vigne du 28 mai au 12 juillet. Dans les mêmes quatorze années la fenaison a eu lieu du 5 au 28 juin; les navettes ont été récoltées du 30 mai au 13 juillet; la moisson des seigles a été faite du 20 juin au 16 août; celle des blés du 1er juillet (1822) au 30 août (1821); celle des avoines du 30 juillet (1822 et 1834) au 30 septembre; la vendange a été effectuée du 5 septembre (1822) au 30 octobre (1821).

Les températures extrêmes et les sommes de chaleur utile à la végétation ont une très-grande importance relativement à l'acclimatation et à la naturalisation des végétaux étrangers dans un lieu déterminé. Beaucoup de plantes exotiques, qui, sur les côtes de l'Océan, résistent parfaitement aux froids de l'hiver, sous la même latitude que la nôtre, ne peuvent supporter, en plein air, les basses températures de nos contrées, et ne résistent que sous la protection et la chaleur artificielle d'une serre ou d'une orangerie. Tels sont les Laurus nobilis *L.*, Viburnum Tinus *L.*, Jasminum officinale *L.*, Camelia japonica *L.*, Myrtus communis *L.*, etc.

Pour qu'une plante s'acclimate à Nancy, il faut que son organisation lui permette de supporter le froid rigoureux de nos hivers; pour qu'elle s'y naturalise, il est indispensable qu'elle y trouve, pendant sa période de végétation active, les sommes de température nécessaires au développement et à la maturation de ses graines.

Nous pouvons indiquer parmi les arbres et les arbustes étrangers acclimatés à Nancy, les suivants : Magnolia Yulan *Desf.*, Menispermum canadense *L.*, Hibiscus syriacus *L.*, Cissus orientalis *Lam.*, Xanthoxylon fraxineum *Willd*, Evonymus japonica *Thunb.*, Zizyphus vulgaris *Lam.*, Paliurus aculeatus *Lam.*, Virgilia lutea *Mich.*, Sophora japonica *L.*, Glycine sinensis *L.*, Robinia hispida *L.*, Amorpha fruticosa *L.*, Spartium junceum *L.*, Kerria japonica *D C.*, Prunus Lauro-cerasus *L.*, Tamarix indica *Willd.*, Cornus florida *L.*, Aucuba japonica *Tunb.*, Weigelia rosea *Lindl.*, Forsythia viridissima *Lindl.*, Chionanthus virginica *L.*, Fontanesia phyllireoïdes *Labill.*, Periploca groeca *L.*, Planera crenata *Desf*, Quercus Ballota *Desf.*, Quercus ilex *L.*, Ephedra distachya *L.*, Taxodium distichum *Rich.*, Cryptomeria japonica *Thunb.*, Cuninghamia sinensis *Rich.*, Salisburia adianthifolia *Sm.*, etc.

Parmi les arbres et arbustes exotiques naturalisés à Nancy, nous pouvons citer les Clematis viticella *L.*, Liriodendron Tulipifera *L.*, Mahonia aquifolia *Nutt.*, Hypericum calycinum *L.*, Negundo fraxinifolium *Nutt.*, Æsculus Hippocastanum *L.*, Pavia rubra *Lam.*, Kœlreuteria paniculata *Lam.*, Ampelopsis hederacea *DC.*, Vitis vinifera *L.*, Coriaria myrtifolia *L.*, Evonymus nanus *Bieb.*, Rhamnus infectorius *L.*, Rhus Coriaria *L.*, Rhus Toxicodendron *L.*, Ptelea trifoliata *L.*, Ailanthus glandulosa *Desf.*, Gymnocladus canadensis *Lam.*, Gleditschia triacanthos *L.*, Cercis Siliquastrum *L.*, Robinia

Pseudo-acacia *L.*, Indigofera Dosua *Hamilt.*, Cydonia japonica *Pers.*, Pyrus spectabilis *Ait.*, Pyrus coronaria *L.*, Cratœgus coccinea *L.*, Rubus odoratus *L.*, Spiræa Lindleyana *Sieb.*, Amygdalus communis *L.*, Amygdalus Persica *L.*, Prunus Armeniaca *L.*, Prunus Cerasus *L.*, Ribes sanguineum *Pursch.*, Symphoricarpos racemosa *Mich.*, Leicesteria formosa *Wall.*, Diospyros virginiana *L.*, Syringa vulgaris *L.*, Catalpa Syringæfolia *L.*, Paulownia imperialis *Sieb.*, Vitex Agnus-Castus *L.*, Osyris alba *L.*, Platanus orientalis *L.*, Morus nigra *L.*, Morus alba *L.*, Broussonetia papyrifera *Vent.*, Quercus rubra *Mich.*, Juglans nigra *L.*, Carya olivæformis *Nutt.*, Pterocarya fraxinifolia *Kunth.*, Juniperus virginiana *L.*, Thuia orientalis *L.*, Abies alba *Poir.*, Abies canadensis *Mich.*, Cedrus Libani *Barr.*, Pinus Strobus *L.*, etc.

INFLUENCE DE L'ALTITUDE. — L'élévation plus ou moins grande du sol au-dessus du niveau de la mer modifie, à ce point, l'effet de la latitude, que le sommet des hautes montagnes de l'Europe correspond jusqu'à un certain point au climat des plaines de la Norwège, et la nature de la végétation vient confirmer cette analogie remarquable. « Une montagne, dit M. Alph. de Candolle (1), est comme une suite de degrés de latitude condensés sur eux-mêmes, où les phénomènes physiques et botaniques se rapprochent. »

---

(1) Alph. de Candolle, *Géographie botanique raisonnée;* Paris, 1855, in-8º, t. 1, p. 249.

Puisqu'il en est ainsi, la température doit présenter des modifications assez importantes sur les diverses parties de notre territoire, si fortement accidenté. Si nous recherchons quels sont les points les plus déclives de notre sol, nous les trouvons aux lieux mêmes, où nos rivières franchissent les frontières de la Lorraine. Cette première donnée est facile à établir. La Sarre, au-dessous de Sarreguemines, est à 193 mètres au-dessus du niveau de la mer; la Meuse, en franchissant la limite du département des Ardennes est à 163 mètres; la Moselle, en pénétrant dans le Grand-Duché de Luxembourg, est à 147 mètres; enfin l'Ornain, là où il entre dans le département de la Marne, est à 125 mètres. C'est l'altitude la plus faible de la surface de notre province. Le point culminant nous est connu : c'est le sommet du Ballon de Guebwiller, élevé de 1426 mètres au-dessus de l'Océan. Il y a donc entre les points extrêmes d'altitude, en Lorraine, 1301 mètres de différence.

La question des rapports, qui existent entre l'altitude et la température, n'est pas aussi simple qu'elle le paraît au premier abord. Il est d'autres influences que l'altitude qui modifient les conditions calorifiques dans les montagnes, telles que l'humidité, l'exposition, la nature du sol, etc. Mais néanmoins, il est certain, que la température décroît au fur et à mesure qu'on s'élève vers la cime des montagnes. Nous ne possédons pas sur les Vosges d'observations directes, pour préciser, d'une manière rigoureuse, le décroissement de la tem--

pérature pour une hauteur déterminée, et on sait, du reste, que l'échelle de gradation varie dans les diverses saisons de l'année. Mais les observations assez nombreuses faites, non loin de nous, dans la chaîne des Alpes, peuvent nous fournir des appréciations suffisantes, relativement au but que nous nous proposons. Or, c'est dans les mois de juin, de juillet et d'août, c'est-à-dire, dans la période la plus active de la végétation dans les montagnes, que cette décroissance est le plus rapide ; elle est en moyenne, pour ces trois mois de l'année de 1° c. pour 147^m 67 d'altitude. En supposant que cette proportion s'applique aux différences extrêmes d'altitude qui existent en Lorraine, nous pourrions en déduire une différence de 8°, 94 c. de température en été entre le sommet du Ballon de Guebwiller et la vallée de l'Ornain, au point où cette rivière sort de nos frontières. Ces chiffres, sans doute, sont loin d'être rigoureux, mais ils nous offrent une approximation suffisante pour démontrer que les différences de température, aux diverses altitudes des Vosges, sont assez importantes pour produire des effets notables sur la distribution des végétaux dans cette chaîne de montagnes.

L'observation, du reste, vient confirmer pleinement ces appréciations. S'il est des végétaux qui croissent à la fois dans la plaine et au sommet des Hautes Vosges, et qui paraissent indifférentes aux influences de l'altitude, il en est d'autres qui ne se montrent que dans une zone déterminée et ne franchissent pas les limites que le

Créateur semble leur avoir tracées. Les unes, ne trouvant leurs conditions naturelles d'existence que dans les hautes régions, n'abandonnent pas les sommets, et malgré les moyens de dissémination, que les vents, les eaux, les animaux et l'homme prêtent à leurs graines, il est une limite inférieure où elles cessent de se montrer.

D'autres ne peuvent atteindre qu'une certaine limite supérieure, près de laquelle ils végètent péniblement, mais qu'ils ne franchissent pas.

Il semblerait que les premières craignent les températures chaudes et les secondes les régions froides.

Cependant, entre ces deux catégories, il en existe une troisième ; c'est celle des plantes qui, ayant leur centre de végétation à l'une des limites supérieures, peuvent vivre également dans les vallées, où elles s'établissent çà et là par le transport de leurs graines. Aussi la limite supérieure des plantes de montagne, est-elle moins incertaine que leur limite inférieure.

Il est surtout quelques végétaux arborescents, dont les botanistes ont cherché à préciser, dans diverses chaînes de montagnes, cette limite supérieure et qui forment ainsi un véritable horizon botanique, s'il m'est permis d'employer cette locution empruntée à la Géologie. Tels sont notamment le noyer, le châtaigner, le chêne, le pin sylvestre, le mélèze, le sapin et l'épicéa. Sur le revers lorrain des Vosges, le noyer ne s'élève pas au delà de 550 à 600 mètres d'altitude, le châtaigner au-dessus de 400 à 450 mètres, le chêne au-dessus 750 mètres, le hêtre et le pin sylvestre au-dessus de 1100 mètres, le sapin et l'épicéa au-dessus de 1200 mètres.

Mais nous ne pouvons nous borner à indiquer ces quelques arbres, et il nous semble utile de tracer ici un tableau plus complet des zones spéciales de végétation que nous présentent les montagnes des Vosges. Ces zones spéciales sont au nombre de trois.

1° La zone supérieure comprend les plantes, qui sont propres aux régions élevées des Vosges et se rencontrent au-dessus de 1000 mètres d'altitude. Cette première zone comprend, par conséquent les domes gazonnés, connus sous le nom de *Chaumes*, les escarpements qui dominent les plus hautes vallées et enfin la partie supérieure des forêts qui entourent, comme d'une ceinture, ces domes et ces escarpements.

Parmi ces plantes il en est qui sont comme parquées au-dessus de 1000 mètres, qui ne franchissent jamais cette limite inférieure et sont par conséquent exclusives à ces hautes régions. Telles sont les suivantes :

RENONCULACÉES : Anemone alpina *L.* et Narcissiflora *L.*; Aconitum Napellus *L.*

FUMARIÉES : Corydalis fabacea *Pers.*

VIOLARIÉES : Viola lutea *Sm.*

EMPÉTRÉES : Empetrum nigrum *L.*

ROSACÉES : Sibbaldia procumbens *L.*; Potentilla salisburgensis *Hœnck*; Rosa rubrifolia *Vill.*; Alchemilla alpina *L.*

Pomacées : Sorbus Chamæmespilus *Crantz*.

Onagrariées : Epilobium alpinum *L.*, trigonum *Schrank* et Duriœi *Gay*.

Crassulacées : Sedum Rhodiola *DC.* et alpestre *Vill.*

Saxifragées : Saxifraga Aizoon *Jacq.*

Ombellifères : Bupleurum longifolium *L.*

Caprifoliacées : Lonicera nigra *L.*

Rubiacées : Galium montanum *Vill.*

Dipsacées : Scabiosa suaveolens *Desf.*

Synanthérées : Gnaphalium norvegicum *Gunn.*; Carduus Personata *Jacq.*; Carlina nebrodensis *Guss.*; Picris pyrenaïca *L.*; Sonchus alpinus *L.* et Plumieri *L.*; Crepis blattarioïdes *Vill.*; Hieracium aurantiacum *L.*, alpinum *L.*, Mougeoti *Frœl.*, Schmidtii *Tausch.*, albidum *Vill.*, cydoniæfolium *Vill.* (1), magistri *Fl. lorr.* (1), præruptorum *Fl. lorr.* (3) et auratum *Fries*.

---

(1) Les **Hieracium** *cydoniæfolium* et *præruptorum*, élevés de graines, venant du Hohneck, au jardin des plantes de Nancy, ont conservé leurs caractères distinctifs et le port particulier à chacun d'eux.

(2) Nous ne pensons pas que cette plante soit le *Hieracium gothicum Fries*, dont l'auteur a inséré trois formes dans son *Herbarium normale* (fasc. 2, n° 12, 13 et 14). Nous ne pouvons rapporter à aucune de ces formes notre *Hieracium magistri*. C'est là le motif, et il nous a paru péremptoire, qui nous a forcé à donner à cette plante un nom nouveau. J'ajouterai que je possède actuellement (8 juin 1862) en fleurs, au Jardin des Plantes de Nancy, le *H. gothicum* authentique de Fries et je n'ai rien à modifier à mon opinion première.

(3) Nous croyons devoir reproduire ici, ce que nous avons dit

Primulacées : Androsace carnea L.
Gentianées : Gentiana lutea L. et campestris. L.

(*Flore de Lorraine*, éd. 2, 1857, t. I, p. 479) sur les motifs, qui nous ont engagé à considérer cette plante comme très-différente du *Hieracium prœnanthoïdes Vill.* : « Le véritable *H. prœnanthoïdes*
« *Vill.* est connu d'un petit nombre de botanistes, et croît non pas
« dans la région alpine, mais sur les montagnes sèches, chaudes,
« exposées au soleil ; il est plus velu, bien plus pâle, plus élevé ;
« ses calathides sont de moitié plus petites, ne noircissent pas par la
« dessiccation et forment une grappe oblongue, très-rameuse, très-
« velue-glanduleuse, à rameaux grêles, très-flexueux, arqués, à
« divisions très-divariquées ; ses feuilles sont entières ou presque
« entières ; les inférieures et les moyennes sont toutes rétrécies au-
« dessus de leur base amplexicaule, comme dans le *Prœnanthes*
« *purpurea*, auquel Villars compare sa plante ; du reste, la descrip-
« tion si caractéristique de cet auteur (*Flore du Dauphiné*, t. III,
« p. 109) et l'excellente figure qu'il donne de cette épervière
« (*Précis d'un voyage botanique*, tab. 3), ne laissent pas de doute
« sur la plante à laquelle elles s'appliquent. »

Nous ajouterons que cette figure donne une idée très-nette, non pas du faux *Hieracium prœnanthoïdes* du Hohneck (ce que nous n'avons dit nulle part), mais du vrai *Hieracium prœnanthoïdes* de Villars.

Le célèbre auteur de la *Flore du Dauphiné*, après avoir décrit avec détail son *Hieracium prœnanthoïdes*, ajoute en observation :
« La petitesse et le grand nombre de fleurs de cette plante, joints à
« leur forme conique et à la disposition des rameaux qui se rami-
« fient et s'écartent les uns des autres à angles droits, distinguent
« cette plante de tous les *Hieracium* connus. » Il y revient encore dans le *Précis d'un voyage botanique* (p. 58), tant il a à cœur de bien distinguer cette plante de ses congénères et il dit d'elle :
« Cette espèce commune sur les montagnes du Gapençois, parmi les
« bois, rare aux environs de Grenoble, n'a pas encore, que je
« sache, été trouvée en Suisse ; je n'ai pu la voir ni dans les collec-

BORRAGINÉES : Myosotis alpestris *Schm.*

SCROPHULARINÉES : Veronica saxatilis *Jacq.*; Bartsia alpina *L.*; Pedicularis foliosa *L.*; Melampyrum sylvaticum *L.*

COLCHICACÉES : Veratrum lobelianum *Bernh.*

LILIACÉES : Allium Victorialis *L.*

ASPARAGINÉES : Streptopus amplexifolius *DC.*

JONCÉES : Luzula spadicea *DC.* et nigricans *Dew.*

ORCHIDÉES : Orchis globosa *L.* et albida *Scop.*

CYPÉRACÉES : Carex frigida *All.*

« tions des savants, ni sur les montagnes de la Suisse : elle est très-
« voisine de l'*Hieracium spicatum All.*; mais elle est glauque,
« moins velue, plus élevée et ses fleurs bien plus petites, sont d'au-
« tant plus nombreuses. J'en ai compté cinquante et feu M. Chaix
« soixante sur la même plante. Les feuilles plus longues, plus
« minces, glauques, sont plus entières et comme papyracées. La
« tige ne se divise que vers le haut, par des rameaux écartés et
« très-nombreux. » Il ajoute plus loin : « tous les auteurs ont
« réuni cette plante à l'*Hieracium spicatum Hall. All.* : elles m'ont
« toujours paru différentes. »

Nous avons recueilli nous-même le *Hieracium prœnanthoïdes* de Villars, dans la région où il le dit commun. Nous l'avons vu seulement dans les bois, comme le dit expressément Villars ; c'est une plante sociale, qu'on rencontre çà et là, mais en grand nombre d'individus rapprochés dans les petites circonscriptions où elle se rencontre.

En la considérant comme distincte des espèces voisines, nous n'avons fait que nous conformer à l'opinion de Villars et nous sommes convaincus que les botanistes, qui n'ont jamais vu cette plante, surtout à l'état de vie, peuvent seuls être d'une opinion contraire.

Graminées : Calamagrostis montana *Host*.

Fougères : Botrichium matricarioïdes *Willd.*; Aspidium Lonchitis *Sw.*

Lycopodiacées : Lycopodium alpinum *L.* et annotinum *L.*

Mousses : Hypnum callichroum *Funk*; Brachythecium reflexum *Schimp.*; Plagiothecium pulchellum *Schimp.*; Pseudoleskea atro-virens *Schimp.*; Leskea nervosa *Schwægr.*; Pterogonium gracile *Sw.*; Pogonatum alpinum *Brid.*; Bartramia ithyphylla *Brid.*; Oligotrichum hercynicum *Hedw.*; Bryum Duvalii *Voit.*, pallens *Sw.*; Webera Ludwigii *Schimp.*, cucullata *Schimp.* et polymorpha *Schimp.*; Splachnum sphæricum *Hedw.*; Racomitrium microcarpon *Brid.*, fasciculare *Brid.* et sudeticum *Brid.*; Grimmia uncinata *Kaulf.*, patens *B.* et *Schimp.*; Amphidium Mougeotii *B.* et *Schimp.* et lapponicum *Schimp.*; Encalypta ciliata *Hedw.*; Desmatodon latifolius *Brid.*; Brachiodus trichodes *Schimp.*; Dicranum Schraderi *Schwægr.*, longifolium *Hedw.* et Starkii *Web.* et *Mohr.*; Dicranella subulata *Schimp.*; Weisia crispula *Hedw.*; Bruchia vogesiaca *Schwægr.*

Hépatiques : Gymnomitrium concinnatum *Cord.*; Sarcoscyphus densifolius *Nées*; Jungermannia nana *Nées*, hyalina *Lyell.*, inflata *Huds*, alpestris *Schleich.* et catenulata *Hüb.*; Lephocolea Hookeriana *Nées*; Chiloscyphus lophocoloïdes *Nées*; Madotheca rivularis *Nées* et porella *Nées*.

Lichens : Trachylia tigillaris *Fries*; Calicium hyperellum *Ach.*; Stereocaulon denudatum *Flœrck*; Ramalina tinctoria *Schœr*; Platysma cucullatum *Hoffm,*; Parmelia encausta *Ach.*, stygia *Ach.*, fahlunensis *Ach.*; Umbilicaria erosa *Hoffm.*, proboscidea *DC.*, cylindrica *Dub.*; Lecanora cervina *Ach.*, cenisia *Ach.*, badia *Ach.*, ventosa *Ach.*; Lecidea coarctata *Nyl.*, panæola *Ach.*, morio *Schœr.* et armeniaca *Schœr.*

Il est encore d'autres espèces de plantes qui, ayant évidemment leur centre de végétation sur les hauts sommets des Vosges, descendent çà et là dans quelques vallées de la zone moyenne, par le transport de leurs graines ou de leurs sporules. Telles sont les suivantes :

Renonculacées : Trollius europæus *L.*

Crucifères : Thlaspi alpestre *L.*

Silénées : Silene rupestris *L.*

Rosacées : Rosa alpina *L.*

Crassulacées : Sedum annuum *L.*

Grossulariées : Ribes petræum *Jacq.*

Saxifragées : Saxifraga stellaris *L.*

Ombellifères : Angelica pyrenæa *Spreng.*

Valérianées : Valeriana tripteris *L.*

Campanulacées : Campanula latifolia *L.*

Utriculariées : Pinguicula vulgaris *L.*

Fougères : Struthiopteris crispa *Wallr.*; Botrichium rutaceum *Willd.*

Mousses : Hypnum polymorphum *Hedw.*; Heterocladium dimorphum *Schimp.*; Pterigynandrum filiforme *Hedw.*; Dicranum congestum *Brid.*; Blindia acuta *Schimp.*; Andræa rupestris *Hedw.*

Hépatiques : Jungermannia sphærocarpa *Hook*, obovata *Nées* et orcadensis *Hook* ; Liochlœna lanceolata *Nées* ; Ptilidium ciliare *Nées* ; Metzgeria pubescens *Raddi*.

Lichens : Parmelia tristis *Nyl.* ; Lecanora glaucoma *Ach.* et cinerea *Nyl.* ; Lecidea confluens *Schær*.

2° La zone moyenne comprend les plantes spéciales qui habitent au-dessus de 600 mètres d'altitude et qui ne se montrent plus à un niveau inférieur. Cette zone, qu'on pourrait nommer la région des lacs, est presque entièrement couverte de forêts. La végétation, qui lui est propre, comprend les plantes suivantes :

Nymphéacées : Nuphar pumilum *Sm*.

Pyrolacées : Pyrola secunda *L*. et uniflora *L*.

Rosacées : Potentilla micrantha *DC*.

Synanthérées : Adenostyles albifrons *Rchb.* ; Petasites albus *Gærtn.* ; Doronicum Pardalianches *Willd.* ; Senecio Jacquinianus *Rchb.* et subalpinus *Koch* (1) ; Leontodon pyrenaïcum *Gouan*.

Boraginées : Cynoglossum montanum *Lam*.

Scrophularinées : Digitalis ambigua *Murr*.

Labiées : Galeopsis intermedia *Vill*.

---

(1) Le *Senecio subalpinus* est une plante nouvelle pour la *Flore de Lorraine* et même pour la *Flore de France*. Elle m'a été envoyée vivante, de Cornimont (Vosges), par M. Clément, au printemps de 1858. Elle a fleuri, mais incomplétement au jardin des plantes de Nancy et a péri pendant l'hiver. Elle offre un caractère que je n'ai vu indiqué nulle part, c'est que sa souche est extrêmement grosse et charnue.

Polygonées : Rumex montanus *Desf.*

Joncées : Juncus filiformis *L.*

Orchidées : Corallorhiza Halleri *Rich.*

Cypéracées : Carex pauciflora *Lightf.*

Typhacées : Sparganium natans L. (S. affine Schnizl.)

Rhizocarpées : Isoetes lacustris *L.*

Mousses : Hylocomium umbratum *Schimp.*; Anomodon longifolius *Schimp.*; Polytrichum gracile *Menz.*; Neckera pumila *Hedw*; Fontinalis squamosa *L.*; Bartramia OEderi *Sw.*; Mnium affine *Bland.*; Splachnum ampullaceum *L.*; Dicranum majus *Turn.* et congestum *Brid.*; Gymnostomum rupestre *Schwœgr.*

Hépatiques : Jungermannia Schraderi *Mart.* et Wenzelii *Nées*; Lejeunia serpillifolia *Lib.*

Lichens : Calicium hyalinella *Nyl.*; Cladonia Flœrkeana *Fries.*; Stereocaulon condensatum *Hoffm.*; Evernia divaricata *Ach.*; Squamaria ambigua *Nyl.*; Lecidea cinereo-virens *Schœr.*, speirea *Schœr.* et silacea *Ach.*

3° La zone inférieure, ou région des Basses Vosges, a aussi des plantes qui lui sont spéciales, qui ne se voient ni dans la plaine, ni au-dessus de 600 mètres d'altitude. Ce sont les suivants :

Synanthérées : Cirsium anglicum *DC.*; Scorzonera humilis *L.*

Campanulacées : Wahlenbergia hederacea *Rchb.*

Scrophularinées : Rhinanthus augustifolius *Gm.*

Orchidées : Orchis sambucina *L.*; Malaxis paludosa *Sw.*

Fougères : Osmunda regalis *L.*

Mousses : Hypnum nemorosum *Koch.* ; Brachythecium glareosum *B.* et *Schimp.* ; Pylaisæa polyantha *Schimp.* ; Buxbaumia aphylla *Hall.* et indusiata *Brid.* ; Diphyscium foliosum *Web.* et *Mohr.* ; Bartramia marchica *Brid.* ; Meesia uliginosa *Hedw.* ; Bryum intermedium *Web.* et *Mohr.* ; Grimmia montana *B.* et *Schimp.* ; Neckera pennata *Hedw.* ; Orthotrichum Braunii *B.* et *Schimp.* ; Ulota dilatata *B.* et *Schimp.* ; Tricodon cylindricus *Schimp.* ; Trichostomum rigidulum *Sm.* ; Fissidens incurvus *Schwœgr.* ; Campylopus densus *B.* et *Schimp.* et flexuosus *Brid.* ; Trematodon ambiguus *Schwœgr.* ; Dicranum interruptum *B.* et *Schimp.* et spurium *Hedw.* ; Dicranella curvata *Schimp.* ; Gymnostomum tenue *Schrad.* ; Rhabdoweisia fugax *B.* et *Schimp.* ; Sporledera palustris *B.* et *Schimp.* ; Phascum rectum *Sm.*

Hépatiques : Scapania irrigua *Nées* ; Jungermannia anomala *Hook*, subapicalis *Nées*, scutata *Web.*, acuta *Lind.* et ventricosa *Dicks.* ; Lophocolea vogesiaca *Nées* ; Chiloscyplus pallescens *Nées* ; Geocalyx graveolens *Nées* ; Madotheca platyphylloidea *Nées* ; Lejeunia minutissima *Lib.* ; Aneura pinnatifida *Nées*.

Lichens : Cladonia degenerans *Fries*, amaurocræa *Schœr.*, uncialis *Hoffm.* et papillaria *Hoffm.* ; Stereocaulon nanum *Ach.* ; Parmelia Borreri *Turn.* ; Pannaria plumbea *Del.* ; Amphiloma lanuginosum *Fries* ; Squamaria aleurites *Ach.* ; Lecanora hæmatomma *Ach.* ;

Lecidea uliginosa *Ach.*, scabrosa *Ach.*, decolorans *Flœrk;* Verrucaria margacea *Walenb.*

Il est d'autres plantes qui, étrangères comme les précédentes à la plaine de Lorraine, habitent la chaîne des Vosges dans presque toute son étendue et à toutes les altitudes. Nous pouvons signaler les suivantes :

Hypéricinées : Hypericum quadrangulum *L.*

Rosacées : Spiræa Aruncus *L.*

Circéacées : Circæa alpina *L.* et intermedia *Ehrh.*

Ombellifères : Meum athamanticum *Jacq.;* Chærophyllum hirsutum *L.*

Rubiacées : Galium rotundifolium *L.* et saxatile *L.*

Synanthérées : Arnica montana *L.;* Prenanthes purpurea *L.;* Crepis paludosa *Mœnch.*

Campanulacées : Jasione perennis *Lam.*

Vacciniées : Vaccinium uliginosum *L.* et Vitis-idæa *L.;* Occycoccus palustris *Pers.*

Joncaginées : Scheuchzeria palustris *L.*

Asparaginées : Polygonatum verticillatum *All.*

Orchidées : Listera cordata *R. Brown.*

Cypéracées : Eriophorum vaginatum *L.;* Carex limosa *L.*

Fougères : Polypodium dryopteris *L.;* Polystichum Oreopteris *DC;* Blechnum boreale *Sw.*

Lycopodiacées : Lycopodium Selago *L.*, inundatum *L.*, Chamæcyparissus *Braun* et clavatum *L.*

Mousses : Hylocomium loreum *Schimp.;* Hypnum stramineum *Dicks.*, cordifolium *Hedw.;* Brachythecium plumosum *Schimp.* ; Eurhynchium piliferum *Schimp.* ; Plagiothecium undulatum *Schimp.* ; Pterygophyllum lucens *Dill.* ; Bartramia pomiformis *L.* et Halleriana *Hedw.* ; Bryum pallescens *Schwægr.* ; Webera cruda *Schreb.* ; Hedwigia ciliata *Dicks.* ; Racomitrium aciculare *Hedw.*, protensum *A. Braun*, heterostichum *Hedw.* et lanuginosum *Brid.* ; Grimmia funalis *B.* et *Schimp.*, trichophylla *Grev.*, ovata *W.* et *Mohr.*, leucophæa *Grev.* et commutata *Hub.* ; Ulota Hutchinsiæ *Hook.* ; Trichostomum tortile *Schrad.* ; Cynodontium polycarpum *Schimp.* ; Dichodontium squarrosum *Schimp.* ; Sphagnum compactum *Brid.*, contortum *Schultz*, subsecundum *Nées*, molluscum *Bruch.* et cuspidatum *Ehrh.*

Hépatiques : Sarcoscyphus Funckii *Nées;* Scapania umbrosa *Mont.* ; Jungermannia albicans *L.*, obtusifolia *Hook.*, exsecta *Schm.*, socia *Nées*, incisa *Schrad.*, minuta *Crantz*, curvifolia *Dicks.*, connivens *Dicks.*, setacea *Hook.* et trichophylla *L.* ; Mastigobryum deflexum *Nées* ; Aneura palmata *Hedw.*

Lichens : Sphærophoron coralloïdes *Pers.* ; Cladonia gracilis *Fries*, deformis *Hoffm.*, cornucopioïdes *Fries* et uncialis *Hoffm.* ; Stereocaulon corallinum *Schreb.* ; Peltigera aphthosa *Hoffm.* ; Sticta fuliginosa *Ach.* ; Parmelia lanata *Nyl.* et pertusa *Schœr.* ; Umbilicaria pustulata *Hoffm.*, polyphylla *Hoffm.* et hyperborea *Hoffm.* ; Thelotrema lepadinum *Ach.* ; Lecidea sanguinaria *Ach.* et petræa *Flot. Zw.*

Il est enfin des plantes qui sont bien plus indifférentes encore que les précédentes aux influences météorologiques, puisqu'elles habitent à la fois la plaine lorraine et montent jusqu'aux cimes les plus élevées des Vosges. Ce sont :

RENONCULACÉES : Anemone nemorosa *L.*; Ranunculus Flammula *L.* et sylvaticus *Thuill.*; Caltha palustris *L.*; Actæa spicata *L.*

FUMARIÉES : Corydalis solida *Sm.*

CRUCIFÈRES : Cardamine amara *L.*

VIOLARIÉES : Viola palustris *L.*

CISTINÉES : Helianthemum vulgare *L.*

POLYGALÉES : Polygala vulgaris *L.*

SILÉNÉES : Dianthus superbus *L.*; Silene inflata *Sm.*

ALSINÉES : Stellaria graminea *L.*, media *Vill.* et uliginosa *Murr.*; Sagina procumbens *L.*

GÉRANIACÉES : Geranium pyrenaïcum *L.*

ACÉRINÉES : Acer Pseudo-Platanus *L.*

LÉGUMINEUSES : Genista pilosa *L.* et sagittalis *L.*; Trifolium pratense *L.*; Lotus corniculatus *L.* et uliginosus *Schk.*

ROSACÉES : Potentilla Tormentilla *Nestl.*; Comarum palustre *L.*; Rubus saxatilis *L.*; Sanguisorba officinalis *L.*

POMACÉES : Sorbus Aria *Crantz.*

ONAGRARIÉES : Epilobium palustre *L.* et obscurum *Schreb.*

CRASSULACÉES : Sedum Fabaria *Koch.*

GROSSULARIÉES : Ribes alpinum *L.*

OMBELLIFÈRES : Laserpitium latifolium *L.;* Heracleum sphondylium *L.;* Seseli Libanotis *Koch;* Bunium Carvi *Bieb.;* Ægopodium Podagraria *L.;* Sanicula europæa *L.*

CAPRIFOLIACÉES : Lonicera Xylosteum *L.*

DIPSACÉES : Scabiosa columbaria *L.* et Succisa *L.*

SYNANTHÉRÉES : Solidago Virga-aurea *L.;* Arnica montana *L.;* Achillea Millefolium *L.;* Leucanthemum vulgare *Lam.;* Gnaphalium sylvaticum *L.;* Antennaria dioïca *Gœrtn.;* Cirsium palustre *Scop.;* Centaurea montana *L.;* Hypochæris radicata *L.;* Taraxacum Dens-Leonis *L.;* Hieracium Pilosella *L.,* auricula *L.,* murorum *L.* et vulgatum *Fries.*

CAMPANULACÉES : Campanula rotundifolia *L.;* Phyteuma spicatum *L.;* Jasione montana *L.*

VACCINIÉES : Vaccinium Myrtillus *L.*

ERICINÉES : Calluna vulgaris *Salisb.*

ASCLÉPIADÉES : Vincetoxicum officinale *Mœnch.*

BORAGINÉES : Pulmonaria tuberosa *Schrank.*

SCROPHULARINÉES : Euphrasia officinalis *L.* et nemorosa *Soy.-Will.;* Rhinanthus minor *Ehrh.* et major *Ehrh.;* Pedicularis sylvatica *L.;* Melampyrum pratense *L.*

LABIÉES : Galeopsis Tetrahit *L.;* Betonica officinalis *L.;* Ajuga reptans *L.*

POLYGONÉES : Rumex obtusifolius *L.* et Acetosella *L.;* Polygonum Bistorta *L.* et aviculare *L.*

DAPHNOÏDÉES : Daphne Mezereum *L.*

Cupressinées : Juniperus communis *L.*

Liliacées : Lilium Martagon *L.* ; Adenoscilla bifolia *Fl. de Fr.* ; Allium ursinum *L.* ; Anthericum Liliago *L.*

Asparaginées : Paris quadrifolia *L.*

Joncées : Juncus supinus *Mœnch.*, conglomeratus *L.* et lamprocarpus *L.* ; Luzula vernalis *DC.*, albida *DC.*, maxima *DC.* et erecta *Desv.*

Amaryllidées : Leucoium vernum *L.* ; Narcissus Pseudo-Narcissus *L.*

Cypéracées : Carex stellulata *Good.*, glauca *Scop.* e OEderi *Ehrh.*

Graminées : Anthoxanthum odoratum *L.* ; Agrostis vulgaris *L.* et canina *L.* ; Deschampsia flexuosa *Gris.* ; Avena pubescens *L.* ; Arrhenatherum elatius *M.* et *Koch* ; Trisetum flavescens *P. Beauv.* ; Catabrosa aquatica *P. Beauv.* ; Poa annua *L.* et pratensis *L.* ; Briza media *L.* ; Cynosurus cristatus *L.* ; Festuca duriuscula *L.* et rubra *L.* ; Nardus stricta *L.*

Fougères : Polypodium vulgare *L.* ; Polystichum Filix-mas *Roth* et spinulosum *DC.* ; Asplenium Filix-fœmina *Bernh.* et Ruta-muraria *L.* ; Pteris aquilina *L.*

Mousses : Hylocomium triquetrum *Schimp.*, brevirostrum *Schimp.* et spendens *Schimp.* ; Hypnum cuspidatum *L.*, rugosum *Ehrh.*, commutatum *Hedw.*, molluscum *Hedw.* et cupressiforme *L.* ; Amblystegium serpens *Schleich.* ; Camptothecium lutescens *Schleich.* ; Brachythecium rutabulum *Schimp.*, velutinum *Schimp.* ;

Thamnium alopecurum *Schimp.*; Plagiothecium sylvaticum *Schimp.*; Thuidium delicatulum *Schimp.* et tamariscinum *Schleich.*; Anomodon viticulosus *Hook.* et attenuatus *Hart.*; Antitrichia curtipendula *Brid.*; Leucodon sciuroides *Dill.*; Climatium dendroides *Dill.*; Homalothecium sericeum *Schimp.*; Omalia trichomanoïdes *Brid.*; Neckera complanata *Hüb.*; Polytrichum formosum *Hedw.*, piliferum *Schreb.* et commune *L.*; Pogonatum aloides *Brid.*, nanum *Brid.* et urnigerum *Brid.*; Atrichum undulatum *P. Beauv.*; Mnium punctatum *Hedw.*; Bryum capillare *L.*, argenteum *L.* et cæspititium *L.*; Webera nutans *Schreb.*; Leptobryum pyriforme *Schimp.*; Racomitrium canescens *Brid.*; Trichostomum pallidum *Hedw.*; Fissidens taxifolius *Hedw.* et adianthoïdes *Hedw.*; Leucobryum glaucum *Hamp.*; Dicranum scoparium *L.*; Dicranella heteromalla *Schimp.*; Sphagnum cymbifolium *Ehrh.* et capillifolium *Hedw.*

Hépatiques : Alicularia scalaris *Corda*; Plagiochila asplenioïdes *Nées* et *Mont.*; Scapania nemorosa *Nées* et *Mont.*; Jungermannia crenulata *Sm.*, excisa *Dicks.* et bicuspidata *L.*; Lophocolea bidentata *Nées* et heterophylla *Nées*; Calypogeia Trichomanis *Corda*; Radula complanata *Dum.*; Madotheca lævigata *Dum.* et platyphylla *Dum.*; Frullania dilatata *Nées* et Tamarisci *Nées*; Pellia epiphylla *Nées*; Aneura pinguis *Dum.*; Metzgeria furcata *Nées*.

Lichens : Cladonia pyxidata *Hoffm.*, fimbriata *Hoffm.*,

furcata *Schœr.*, rangiferina *Hoffm.*, digitata *Hoffm.*, macilenta *Hoffm.* et cornuta *Fries*; Usnea barbata *Fries*; Alectoria jubata *Ach.* et ochroleuca *Nyl.*; Evernia Prunastri *Ach.* et furfuracea *Mann.*; Ramalina fraxinea *Ach.*; Peltigera canina *Hoffm.* et rufescens *Hoffm.*; Sticta pulmonacea *Ach.*; Parmelia conspersa *Ach.* et caperata *Ach.*; Physcia ciliaris *DC.*; Verrucaria epidermidis *Ach.*; Pertusaria communis *DC.*

Si toutes les plantes, dont nous venons de donner l'énumération, peuvent vivre et se propager dans des conditions climatériques si diverses, nous devons néanmoins ajouter, que quelques-unes d'entre elles subissent quelques modifications notables dans leur développement. Nous avons déjà vu que le Hêtre, à la limite supérieure de son aire d'extension, devient rabougri et reste à l'état de buisson; il en est de même du Sorbus Aria et du Sorbus Mougeoti, qu'on rencontre jusqu'au sommet des escarpements du Hohneck. Le Ranunculus sylvaticus *Thuill.* se développe peu sur les dômes gazonnés des Vosges et sa fleur devient plus grande. Le Leucanthemum vulgare *D. C.*, les Agrostis vulgaris *L.* et canina *L.*, le Polygala vulgaris *L.*, etc., éprouvent aussi des modifications.

Si un certain nombre de nos plantes indigènes sont influencées par l'altitude, il doit en être, à plus forte raison, ainsi des plantes originaires de pays plus chauds que le nôtre et que l'homme cultive sur notre sol, pour en tirer des produits utiles.

Le maïs, par exemple, a été introduit avec succès dans une partie de la plaine de Lorraine et dans les vallées principales de notre chaine jurassique. Cette céréale américaine dépasse donc la limite septentrionale, que lui assigne P. de Candolle, sur la carte botanique, dont il a enrichi la troisième édition de la Flore française. Non-seulement cette limite doit être reportée plus au nord et elle ne suit plus la ligne oblique qui, de l'embouchure de la Gironde, s'étend jusqu'à Haguenau; mais la limite n'est pas, chez nous, parallèle à cette ligne oblique; c'est dans la direction du sud au nord qu'il faut la tracer dans la partie centrale de la Lorraine; car au nord et au sud cette ligne se courbe vers l'ouest. A l'est du méridien de Lunéville, le maïs n'est plus cultivé. C'est qu'un élément, autre que la latitude, intervient dans la délimitation de l'aire de culture de cette céréale; je veux parler de l'altitude. De Candolle, dans sa carte, fixe à 200 mètres au-dessus du niveau de la mer, l'altitude à laquelle le maïs cesse de prospérer dans nos contrées. L'observation nous démontre que cette altitude est un peu plus élevée, même dans la plaine de Lorraine où l'on ne peut invoquer l'influence des abris contre les vents du nord; elle atteint 225 mètres environ.

Les autres céréales, telles que le blé, le seigle, l'orge et l'avoine, sont cultivées dans la plaine de Lorraine, dans les vallées et sur les plateaux des montagnes jurassiques. Mais lorsqu'on pénètre dans les vallées occidentales de la chaîne des Vosges, le froment disparait à 400 ou 500 mètres d'altitude. De 600 à 650 mètres on trouve encore çà et là du seigle, de l'orge et de l'avoine. Au-dessus de cette limite, l'orge et la pomme de terre se montrent seuls comme plantes de grande culture; ce sont eux aussi qu'on observe les derniers à l'extrémité nord-ouest du Continent européen, en Norwège, par exemple. L'altitude et la latitude exercent donc, sur ces deux points si éloignés, une influence analogue.

La vigne ne croit nulle part sur le versant occidental des montagnes des Vosges et c'est bien plus à l'ouest de cette chaîne qu'il faut chercher chez nous la limite assignée à la culture de cette plante sarmenteuse.

Dans la plaine de Lorraine, en partant au sud du pied de la chaîne jurassique, cette limite passe par Châtenoy, Vittel, Dompaire, Châtel, Rambervillers, Fontenoy-la-Joute, Montigny, Blâmont, Maizières, Saint-Médard, Lostroff, Altroff, Faulquemont, Longeville-lès-Saint-Avold, Boulay, Aboncourt, la vallée du Caurnens, Cattenom, Sierck et va retrouver la chaîne jurassique à Œutrange. Cette ligne irrégulièrement demi-circulaire suit donc, mais à une distance de 10 à 25 kilomètres, les contours occidentaux de la chaîne des Vosges, ainsi que son prolongement au nord et au sud. La ligne de faîte, peu élevée cependant, qui sépare le bassin de la Moselle de celui de la Saône, interrompt la culture de la vigne ; mais elle reparait, au sud de cette ligne, à Lamarche et à Monthureux-sur-Saône.

Si l'on consulte toutes les côtes d'altitude des parties de la plaine de Lorraine, sur lesquelles la vigne prospère, on sera convaincu que l'extension des vignobles est dans un rapport étroit avec l'altitude. Car nulle part, dans cette grande plaine, on ne voit la vigne cultivée au-dessus de 300 mètres. L'altitude modifie ici complétement l'influence de la latitude. La vigne donne encore d'excellent vin à Guénetrange près de Thionville et sa culture s'étend vers le nord, dans la vallée de la Moselle, jusqu'au delà de nos frontières, mais là le sol s'abaisse de plus en plus ; il n'est qu'à 147 mètres d'élévation au-dessus du niveau de l'Océan, là où la Moselle sort de notre territoire. C'est le point le plus déclive de la plaine de Lorraine.

La vigne pénètre aussi dans les vallées de notre chaîne jurassique et même elle y occupe une assez grande étendue de la surface du sol. Ainsi les vallées de la Meurthe, de la Moselle, de la Meuse, de l'Aire et de l'Ornain, dans leur trajet à travers nos lignes de coteaux calcaires, nous présentent d'immenses vignobles. Ils s'élèvent même dans ces vallées à une altitude plus grande que dans la plaine lorraine et atteignent jusqu'à 400 mètres au-dessus du niveau de la mer. Mais, sur les grands plateaux de notre première et de notre seconde chaîne jurassique, c'est-à-dire sur ceux de la Haie, du Pays-Haut et de la Woëvre, la culture de la vigne n'existe pas, bien que, sur bien des points, le sol soit moins élevé que l'altitude extrême que je viens d'indiquer. Nous indiquerons plus loin les causes de cette différence.

Si nous recherchons les conditions calorifiques, sous l'influence desquelles la culture de la vigne réussit, et si nous appliquons à cette recherche, soit le procédé suivi par M. Boussingault, soit la méthode des sommes de chaleur utile, nous verrons, qu'en Lorraine, le climat semble assez peu favorable à cette précieuse culture et cependant elle y réussit très-bien dans les étés chauds.

M. Boussingault (1) a établi que : « pour produire du « vin potable, il faut qu'un vignoble ait non-seulement « un été et un automne suffisamment chauds ; mais il « faut, en outre, qu'à une période donnée, celle qui suit « l'apparition des grains, il y ait un mois dont la tem- « pérature moyenne ne descend pas au-dessous de 19°» Or, d'après les observations faites à Nancy par M. J.-B. Simonin, de 1841 à 1852, c'est-à-dire pendant douze années (2), le mois le plus chaud, qui succède à l'époque, où les ovaires de la vigne sont noués, est le mois de juillet, dont la température moyenne s'est élevée seulement à 17°, 81 c., comme cela résulte du tableau suivant :

(1) Boussingault, *Economie rurale*, 1844, in-8°, t. 2, p. 674.
(2) J.-B. Simonin, *Recherches topographiques et médicales sur Nancy*, 1854, in-8°, p. 68 à 73.

MOIS.	TEMPÉRATURE maximum.	TEMPÉRATURE minimum.	TEMPÉRATURE moyenne.
Janvier........	+ 15°75 c.	— 15°00 c.	+ 0°31
Février........	+ 17 50	— 19 38	+ 2 53
Mars.........	+ 17 50	— 11 25	+ 3 75
Avril.........	+ 23 75	— 3 75	+ 8 88
Mai..........	+ 30 00	— 0 63	+ 13 13
Juin..........	+ 31 25	+ 6 25	+ 16 33
Juillet........	+ 32 50	+ 6 88	+ 17 81
Août.........	+ 32 50	+ 5 63	+ 17 53
Septembre.....	+ 26 25	+ 5 13	+ 14 16
Octobre.......	+ 21 25	— 2 50	+ 9 50
Novembre.....	+ 18 75	— 12 50	+ 5 06
Décembre.....	+ 15 00	— 15 00	+ 1 88

D'une autre part, il résulte des observations faites à Metz par M. Schuster (1) et à Epinal (2) par M. Parisot, que la température moyenne du mois le plus chaud, celui de juillet, est précisément de + 19° c. Comment

---

(1) De Chastellux, *Statistique du département de la Moselle*, Metz, 1854, in-8°, t. I, p. 107.

(2) *Le département des Vosges, statistique historique et administrative*, par Lepage et Charton; Nancy, 1845, in-8°, t. I, p. 664.

se fait-il qu'à Nancy, située précisément entre Epinal et Metz, la température moyenne de ce mois ne soit que de 17°, 81 c.?

Depuis que M. le Docteur J. B. Simonin a publié les observations précédentes, il les a continuées et il a eu l'extrême obligeance de nous en communiquer le résultat, en ce qui concerne le mois de juillet. Ce nouveau résumé comprend dix-neuf années, de 1841 à 1859, et donne pour la température moyenne du mois de juillet, comme maximum $+ 29°, 342$, comme minimum $+ 9°, 506$, comme moyenne $+ 18°, 014$, qui se rapproche déjà plus des chiffres obtenus dans les villes voisines.

Si, d'autre part, en nous appuyant sur les observations faites à Nancy, nous recherchons quelles ont été les sommes de chaleur utile, depuis le moment du développement des bourgeons de la vigne jusqu'à l'époque de la vendange, nous trouvons également des conditions, qui ne paraissent pas meilleures que celles indiquées par l'application du premier procédé. En admettant, comme le fait M. Boussingault (1) pour le Bas-Rhin, dans son vignoble de Schmalzberg, que le 1er avril est, terme moyen, le point de départ de la végétation de la vigne, ce qui n'a rien d'invraisemblable pour Nancy, où la moyenne de température du mois d'avril est de 8°,

---

(1) Boussingault, *Comptes rendus de l'Académie des sciences*, t. IV, 1837, p. 374.

88 c., tandis que le 3 octobre est le jour moyen de la vendange dans cette même ville, il s'écoulerait 186 jours entre les deux époques et les sommes de chaleur utile s'élèveraient seulement à 2712.

Cependant, malgré ces résultats, les vignobles sont très-développés en Lorraine et y occupent 58,423 hectares de la surface du sol. Dans les années favorables, certains coteaux fournissent même d'excellents vins, tels que ceux de Bayon, de la côte des Chanoines à Nancy, de Pagny-sur-Moselle, de Thiaucourt, d'Augny, de Guénetrange près de Thionville et de Bar-le-Duc.

INFLUENCE DE L'EXPOSITION. — L'exposition joue un rôle assez important relativement à la température et à l'aire d'extension des végétaux. Il suffit d'examiner la distribution des vignes en Lorraine pour être convaincu de cette vérité. En plaine, où la vigne n'est pas abritée contre les vents du nord, ou l'est à peine lorsqu'elle occupe le revers méridional d'une simple ondulation du sol, elle ne peut pas, nous l'avons vu, être cultivée avec succès, à une altitude de plus de 300 mètres au-dessus du niveau de l'Océan.

Sur le flanc de nos coteaux calcaires, les vignobles peuvent s'élever jusqu'à 400 mètres, mais on ne les observe qu'à de bonnes expositions; ils sont de plus complétement abrités contre les vents froids et nous pourrions ajouter que le sol calcaire sur lequel ils reposent est plus chaud que le sol siliceux ou alumineux de la plaine.

On comprend du reste, parfaitement ces faits, si l'on a égard aux expériences thermiques, faites par M. de Gasparin (1) et d'où il résulte que la température du sol exposé aux rayons directs du soleil est sensiblement plus élevée que celle de l'air ambiant.

Ce qui est vrai pour la vigne, l'est également pour l'amandier, le pêcher, l'abricotier, qui, à une bonne exposition, donnent d'excellents fruits dans notre pays, mais qui ne mûrissent pas à l'exposition du nord.

Si l'on compare les vallées larges, profondes et déboisées du versant oriental des Vosges, avec les vallées étroites, plus élevées et généralement boisées de la pente occidentale et, si l'on a égard en outre à la direction générale de la crête centrale de ces montagnes, qui est celle du sud-sud-ouest au nord-nord-est, on s'expliquera facilement, qu'il existe une différence de température entre les vallées situées de l'un et de l'autre côté des Vosges. C'est ce que vient confirmer l'observation. Les cultures de céréales, situées à l'exposition méridionale et bien abritées du côté du nord, s'élèvent d'environ 200 mètres plus haut dans les vallées de Massevaux, de Saint-Amarin, de Munster et d'Orbey, que dans les vallées occidentales. Il en est de même des arbres fruitiers. Ces faits ont vivement frappé les savants auteurs de la carte géologique de France (2), qui s'ex-

---

(1) De Gasparin, *Cours d'agriculture*; 1852, t. II, p. 77.
(2) Dufrenoy et Elie de Beaumont, *Explication de la carte géologique de France*; Paris, 1841, in-4°, t. I, p. 279 et 280.

priment ainsi à ce sujet : « A Horben, dans la vallée de
« Massevaux, on trouve dans les jardins des cerisiers,
« des pruniers, des pommiers, des noyers et même des
« treilles. On en voit aussi dans la vallée de Saint-Ama-
« rin jusqu'à Wildenstein; dans la vallée de Guebwiller,
« elles s'étendent jusqu'à Lauterbach et dans le bassin
« de Villé jusqu'à Steige, qui se trouve déjà bien loin
« dans la région montagneuse. Les vallées de la pente
« occidentale sont généralement bien moins favorisées,
« sous le rapport du climat et des productions, que
« celles de la pente orientale. Elles débouchent dans la
« plaine de Lorraine, qui est plus haute que celle de
« l'Alsace et leur fond est, toute chose égale plus élevé
« au-dessus de la mer, que celui des vallées correspon-
« dantes de la pente alsacienne. On chercherait, en
« vain, autour de la Bresse et de Gérardmer, les treilles,
« les noyers, les arbres fruitiers des vallées de Munster
« et de Saint-Amarin. »

Les plantes sauvages elles-mêmes, indigènes de ces montagnes, semblent être aussi influencées par l'exposition. Il est certain en effet, que la flore des escarpements élevés, exposés à l'est, est bien plus riche que celle des escarpements qui regardent l'ouest. Il y a même des plantes qui n'habitent que la pente orientale des Vosges et qui ne se montrent nulle part sur le revers opposé; tels sont les Dentaria pinnata *Lam.* et digitata *Lam.*, le Cardamine impatiens *L.*, le Sisymbrium pannonicum *Jacq.*, le Roripa pyrenaïca *Spach*, le Thlaspi montanum *L.*, le Potentilla rupestris *L.*, l'Aronia rotundifolia *Pers.*, l'Epilobium lanceolatum *Seb.*, le Doronicum Pardalianches *L.*, le Gnaphalium norvegicum *Gunn.*, l'Achillea nobilis *L.*, le Carlina acaulis *L.*, le Cynoglossum montanum *L.*, le Rumex Patientia *L.*, etc. D'une autre part, le revers occidental des Vosges nourrit aussi des plantes qu'on ne voit plus sur la pente alsacienne, telles que les : Elodes palustris *Spach.*, Cirsium anglicum *D C.*, Scorzonera humilis *L.*, Pyrola uniflora *L.*, Littorella lacustris *L.*, Calla palustris *L.*, etc.

Ramond et P. de Candolle ont cité des faits trèsremarquables observés par eux dans les Pyrénées et dans les Alpes de la Provence, qui prouvent aussi que certaines plantes ne se voient qu'à une exposition déterminée. En Lorraine nous pourrions citer le Quercus sessiliflora *Sm.*, que nos bucherons distinguent trèsbien du Quercus pedunculata *Ehrh.*, et qui s'en sépare, en effet, comme espèce, non par la longueur des pédoncules, caractère qui varie, mais par la forme des stigmates. Le Quercus sessiliflora se trouve seul sur le flanc et au sommet de nos coteaux exposés en plein midi ; au contraire, à l'exposition nord, c'est son congénère qui le remplace et qui seul se rencontre partout dans les bois de la plaine.

Je citerai encore le Melittis Melissophyllum *L.* et le Daphne Laureola *L.*, qui, dans nos bois du calcaire jurassique, ne se rencontrent qu'à l'exposition du sudouest. Le Thlaspi montanum *L.* se montre sur le flanc des mêmes coteaux boisés qui regardent l'ouest. Il y persiste à tous les degrés de croissance de la forêt, par conséquent à l'ombre comme au soleil et cependant il ne s'étend pas aux localités voisines, qui offrent une autre exposition.

La Lumière.

On sait quelle influence immense la lumière exerce sur la vie des végétaux, et combien elle est inégalement répartie à la surface de notre planète, suivant les latitudes, l'exposition et l'état plus ou moins pur, plus ou moins nuageux de l'atmosphère. L'action de cet agent physique s'affaiblit chez nous, non-seulement par l'obliquité des rayons lumineux, mais une autre cause météorologique en diminue encore l'intensité, je veux parler du grand nombre de jours, où le ciel est nuageux, couvert ou pluvieux ; on peut même dire que, sous notre latitude, le ciel est assez rarement complétement pur. Mais si l'on considère que la Lorraine ne mesure que 188 kilomètres du nord au sud, cette cause générale si puissante sous des latitudes très-différentes, ne peut pas produire, dans une étendue aussi restreinte, d'effets bien sensibles sur l'aire d'extension de nos végétaux indigènes.

Cependant, l'altitude, l'exposition, les ombrages modifient l'intensité de la lumière et son influence sur la végétation. Plus on s'élève sur les montagnes et moins les rayons solaires sont interceptés par l'atmosphère; plus la lumière devient abondante et son action doit être surtout très-marquée pour les plantes qui, couvertes par les neiges, pendant une moitié de l'année, y sont tout à coup exposées; son intensité plus grande doit, jusqu'à un certain point, agir sur elles dans le même sens que les jours extrêmement prolongés des pays du nord (1). Chacun a pu remarquer au sommet de nos Vosges, que non-seulement les plantes sont plus trapues, mais que leurs fleurs sont plus grandes et se distinguent surtout de celles de la plaine par un coloris plus vif et plus éclatant.

Mais, sous l'ombrage de nos immenses forêts, elle n'atteint qu'à l'état diffus les végétaux sous-jacents et il en résulte des effets très-remarquables que nous devons exposer.

Les plantes némorales sont loin de rencontrer toujours les mêmes conditions d'existence; celles-ci varient considérablement depuis le jour où une forêt est abattue, jusqu'au moment où son accroissement progressif est devenu suffisant pour permettre une nouvelle et fructueuse exploitation. Il est, cependant, des plantes qui persistent dans les bois aux diverses phases de développement des espèces arborescentes qui les composent et résistent aux influences si diverses auxquelles elles

---

(1) Alph. de Candolle, *Géographie botanique raisonnée*; Paris, 1855, in-8°, t. I, p. 260.

sont successivement soumises, surtout au point de vue de l'intensité de la lumière. Tant que les arbres sont élevés et couvrent de leur ombrage les plantes plus humbles qui végètent à leur pied, celles-ci se montrent ordinairement plus grêles, leur feuillage est souvent plus pâle et plus mince et leurs fleurs sont en général moins nombreuses. Elles sont modifiées sans doute dans leur végétation, mais elles persistent avec opiniâtreté et continuent à vivre dans les mêmes lieux, malgré les influences défavorables auxquelles elles sont soumises. La forêt vient-elle à être abattue, elles reprennent bientôt toute la vigueur de leur végétation et reviennent immédiatement à leur type normal.

Mais il est d'autres espèces némorales, qui ne peuvent s'habituer à cette privation partielle de la lumière solaire et qui disparaissent dans les forêts, pour ne se montrer de nouveau sur le même sol, qu'avec le retour d'une lumière plus intense. Nous pourrions en citer un assez grand nombre d'exemples; nous nous contenterons des deux suivants que nous fournit le genre Viola. Le célèbre Jos. Koch a observé que les Viola canina et sylvatica semblent se substituer l'un à l'autre dans certaines forêts. Selon lui, le premier ne s'y rencontre que dans les jeunes taillis et, au fur et à mesure que les végétaux ligneux viennent lui dérober la lumière, cette plante est remplacée par le Viola sylvatica, qui se plaît dans les lieux ombragés. Le célèbre professeur d'Erlangen en a même conclu que ces deux formes végétales constituent une seule et même espèce, modifiée par les influences auxquelles elle est soumise (1). J'ai eu occasion de constater, dans nos bois de la plaine et notamment dans ceux de Tomblaine et de Saulxures, près de Nancy, l'exactitude des faits observés par Jos. Koch; mais, en même temps, j'ai pu m'assurer qu'il n'y avait pas transformation, mais substitution d'une espèce à une autre espèce. D'une autre part, dans nos bois du calcaire jurassique, où le Viola sylvatica abonde, on n'observe jamais, même dans les jeunes taillis, le Viola canina, qui est une espèce éminemment silicicole. Il est certain, du reste, que ces deux plantes sont spécifiquement distinctes, depuis que M. Alex. Braun a démontré qu'elles diffèrent beaucoup l'une de l'autre par leur mode de végétation; que l'une a ses axes déterminés, tandis qu'ils sont indéterminés dans la seconde.

Le Viola alba *Bess.* nous présente des faits non moins remarquables. Cette plante est, en Lorraine, particulière aux forêts du calcaire jurassique; elle abonde dans les taillis de trois ou quatre ans, puis disparaît, pour ne se montrer de nouveau dans le même lieu, qu'après une nouvelle exploitation. Aussi dans les bois à coupes réglées, elle semble les parcourir, successivement dans toute leur étendue, avec une régularité telle, qu'il est toujours possible au botaniste, qui désire la recueillir,

---

(1). Jos. Koch, *Flora oder botanische Zeitung*, 1841, part. 2, p. 479.

de reconnaître à l'avance quelles sont les parties de la forêt, où il doit infailliblement la rencontrer. Ainsi, cette plante périt, lorsqu'elle n'est plus suffisamment exposée à la lumière directe du soleil; mais les graines, conservées dans le sol, la reproduisent après une assez longue série d'années, qui ramène périodiquement l'influence essentielle à son existence.

Je citerai encore un autre fait qui me semble mériter quelque attention; il se rapporte à un genre de plantes devenu très-litigieux en raison d'une part des exagérations, et cela dans les deux sens opposés, dont il a été l'objet, mais plus encore peut-être parce qu'on ne s'est pas assez préoccupé des modifications que la quantité plus ou moins grande de lumière imprime à ces espèces qu'elle rend polymorphes, toutefois, sans faire disparaître les caractères vraiment spécifiques. Ainsi lorsqu'on compare une Ronce placée, au nord, à l'ombre d'une muraille, ou végétant dans les bois couverts, avec la même espèce croissant en plein soleil, on croirait volontiers à deux types distincts, tant l'aspect des deux plantes semble différent. C'est ainsi que le Rubus cæsius *L.*, admis par tous les botanistes, présente à l'ombre des feuilles grandes, minces, vertes et à peine velues, des rameaux grêles et élancés. Au soleil la plante est plus trapue, ses rameaux sont courts, plus fermes, plus épineux; les feuilles sont plus petites, plus épaisses, plus ridées et très-souvent complétement blanches-tomenteuses sur les deux faces. Ces modifications sont encore exagérées dans le midi de la France, à Montpellier, par exemple; mais on trouve facilement tous les intermédiaires. On peut en dire autant de la plupart des espèces de Ronces, lorsqu'elles sont placées dans des conditions de lumière différentes; en général les espèces qui au soleil ont des feuilles blanches-tomenteuses en dessous, à l'ombre deviennent vertes ou d'un vert cendré. Un pied de Rubus vestitus W. et Nées croissant dans une haie touffue et dégageant la partie supérieure de ses tiges au-dessus des buissons a ses feuilles inférieures vertes, parce qu'elles sont privées de l'action directe des rayons solaires, et ses feuilles supérieures blanches-tomenteuses en dessous.

Le même pied placé successivement à l'ombre et au soleil, ou reporté du soleil à l'ombre, comme je l'ai expérimenté plusieurs fois au Jardin des Plantes de Nancy, change d'aspect et reprend son ancien état par une nouvelle transplantation dans ses conditions primitives.

L'Air.

La pesanteur de l'air varie dans un même lieu, du moins dans certaines limites. A Nancy, la colonne barométrique, d'après les observations de M. J.-B. Simonin (1), ne s'élève pas au-dessus de 757^{mm}96 et ne

(1) J.-B. Simonin, *Recherches topographiques et médicales sur Nancy*; 1854, in-8°, p. 66.

s'abaisse pas au-dessous de 712^{mm}84. Mais on sait que la pesanteur de l'air diminue au fur et à mesure que l'altitude augmente. Or, nos limites extrêmes d'altitude sont séparées, comme nous l'avons vu, par 1,301 mètres. Mais la différence pourrait être plus considérable encore, que les modifications qu'elle entrainerait dans la pesanteur de l'air, n'auraient, comme l'ont démontré Pyr. et Alph. de Candolle (1), qu'une influence bien peu sensible sur la végétation. Cet élément doit donc être négligé dans ce travail.

L'air agité exerce une influence plus évidente sur les végétaux. Je ne dirai rien des ouragans assez fréquents qui ont lieu dans les Vosges et qui ne produisent d'autre effet que la destruction d'un assez grand nombre d'arbres. Mais les vents ordinaires, qui règnent dans ces régions élevées, renouvellent l'air autour des feuilles, facilitent le transport du pollen chez les plantes monoïques et dioïques, favorisent l'évaporation, diminuent l'humidité et concourent à la dispersion des semences. Le vent dominant dans les Hautes Vosges est celui du sud-ouest et il n'est pas sans action sur la direction de la tige et des branches de certaines plantes arborescentes. Ainsi, les hêtres rabougris des hauts sommets sont généralement penchés dans la direction du nord-est et, sur les

---

(1) Pyr. de Candolle, *Mémoires de la société d'Arcueil*, t. III, p. 289; Alph. de Candolle, *Géographie botanique raisonnée*, t. I, p. 264.

cols les plus élévés, les branches des arbres sont dirigées presque toutes de ce même côté. Linné (1) a observé des faits semblables en Laponie, où la direction des branches du Pinus sylvestris L. indique aux Lapons, dans les forêts, la direction des points cardinaux.

L'Eau.

L'eau et la chaleur sont les deux agents qui ont sur la végétation une influence prépondérante. La chaleur humide est extrêmement favorable aux plantes ; elle favorise leur développement et leur propagation ; l'air sec et froid leur est nuisible, et ces deux causes suffisent pour expliquer, dans bien des cas, leur limite géographique.

L'eau existe dans l'atmosphère, soit à l'état de vapeur légère ou même invisible, soit à l'état de brouillard, de rosée, de pluie ou de neige. L'humidité plus ou moins grande de l'air est subordonnée à un certain nombre de circonstances qu'il est utile de rappeler et dont l'examen permettra, à défaut d'observations directes et suivies, faites avec un soin suffisant, de juger immédiatement quel est l'état hygrométrique habituel de notre climat. Or, l'atmosphère est d'autant plus humide, que la surface terrestre, sur laquelle elle repose, est elle-même imbibée d'une grande quantité d'eau ; que les lacs, les étangs, les cours d'eau sont plus nombreux ; que les

(1) *Linnæi Flora Lapponica*. Amstelædami, 1737, in 8°, p. 275.

pluies sont plus fréquentes et plus abondantes; que les forêts sont plus étendues; enfin que la température est plus élevée et peut convertir en vapeur une plus grande quantité d'eau répandue à la surface du sol.

La Lorraine est arrosée par de nombreux cours d'eau; des lacs et des étangs d'une étendue assez considérable, se voient sur divers points de son territoire; le canal de la Marne au Rhin la parcourt dans toute sa largeur, de l'ouest à l'est. Toutes ces eaux offrent à l'évaporation une surface considérable, qu'il est possible d'évaluer approximativement, d'après les données fournies par la *Statistique de la France* (1).

Les eaux sont réparties en Lorraine de la manière suivante :

		hectares.	hectares.
Etangs....................	Meurthe.. 3,590 Meuse... 2,272 Moselle.. 772 Vosges... 1,042		7,676
Canaux de navigation...........	Meurthe.. 91 Meuse... 5 Moselle.. 2 Vosges... 0		98
		A reporter...	7,774

(1) *Statistique de la France ; seconde série : Territoire et population*, grand in-4°, t. II, 1855, p. 6 et 7.

	Report. . .	7,774
Rivières, lacs, ruisseaux. . . . . { Meurthe.. 2,513 / Meuse ... 3,435 / Moselle.. 7,186 / Vosges... 2,552 }		15,686
Mares, canaux d'irrigations, abreuvoirs { Meurthe.. 160 / Meuse... 75 / Moselle.. 22 / Vosges... 81 }		338
	Total de la superficie des eaux.....	23,798

D'après les observations, restées manuscrites, de l'abbé Vaultrin (1), l'évaporation serait, en moyenne, à Nancy, de 662^{mm},085. Des recherches du même genre ont été faites également dans le but de fixer l'alimentation du canal de la Marne au Rhin : du 1er juillet 1844 au 30 juin 1845, la hauteur d'eau évaporée a été de 436^{mm} et dans les douze mois suivants de 625^{mm} (2). Si l'on multiplie la hauteur moyenne de l'eau évaporée dans l'espace d'une année par la surface des eaux répandues sur notre sol, on constatera qu'une masse énorme de vapeur se mêle à l'atmosphère.

(1) J.-B Simonin, *Recherches topographiques et médicales sur Nancy*; p. 64.
(2) Buvignier, *Statistique géologique, minéralogique, minérallurgique et paléontologique du département de la Meuse*; Paris, 1852, in-8°, p. 67.

D'une autre part, les pluies sont fréquentes dans nos contrées. D'après les observations recueillies par M. J. B. Simonin, de 1841 à 1852 (1), il y a, à Nancy, en moyenne, 166 jours $\frac{5}{12}$ de pluie par année, produisant 0^m, 826, d'eau et 28 jours $\frac{8}{12}$ de neige. Les observations de l'abbé Vaultrin, faites de 1799 à 1821 donnent 101 jours $\frac{5}{12}$ de pluie pour l'année et cette pluie aurait fourni 0^m, 549 d'eau. Si ses observations sont exactes, le climat de Nancy serait plus humide qu'autrefois.

A Metz on a obtenu comme moyenne de 28 années le chiffre de $0^m,6618$, répartis en 142 jours de pluie (2).

A Verdun, de 1816 à 1845, la moyenne annuelle de jours de pluie a été de 161 jours ; mais on n'a pas constaté la quantité d'eau tombée (3).

A Epinal, les faits observés de 1823 à 1833 établissent qu'il y a eu annuellement une moyenne de 136 jours de pluie (4).

Il est utile de rechercher comment la pluie a été répartie entre les différents mois de l'année ; nous pouvons donner ce détail pour Nancy : il est résumé dans le tableau suivant, emprunté à M. J. B. Simonin :

---

(1) J.-B. Simonin, *Recherches topographiques*, etc., p. 66.
(2) De Chastellux, *Statistique du département de la Moselle* Metz, 1854, in-8°, t. I, p. 154 et 155.
(3) Buvignier, *Statistique géologique*, etc., p. 62.
(4) *Le département des Vosges, Statistique historique et administrative*, etc., t. I, p. 682.

DÉSIGNATION DES MOIS.	NOMBRE moyen de jours de pluie.	QUANTITÉ moyenne d'eau de pluie.	NOMBRE moyen des jours de neige.
Janvier............	11	0m054	7
Février............	9	0 054	5
Mars..............	13	0 058	6
Avril..............	16	6 081	2
Mai................	16	0 064	»
Juin...............	15	0 078	»
Juillet.............	14	0 086	»
Août..............	16	0 091	»
Septembre.........	12	0 063	»
Octobre...........	16	0 085	»
Novembre.........	14	0 078	3
Décembre.........	11	0 050	4

Il résulte de ce tableau que les mois de l'année, où il pleut le plus souvent et où il tombe la plus grande quantité d'eau, du moins à Nancy, sont, si l'on en excepte le mois d'octobre, les plus chauds de l'année et ceux où la végétation est en grande activité.

Si l'on considère, en outre, que le vent qui nous amène habituellement la pluie, celui du sud-ouest, souffle à Nancy, année moyenne 87 fois $\frac{5}{12}$ et celui d'ouest 45 fois $\frac{7}{12}$, on a lieu de penser que les pluies sont plus fréquentes encore dans les montagnes des Vosges, qui par leur élévation et leur direction tendent à condenser les vapeurs de l'atmosphère humide de notre climat, que les vents poussent contre elles en grande quantité (1).

La neige se montre rarement à Nancy, avant le mois de novembre et quelquefois elle tombe encore dans les premiers jours d'avril. En 1784, elle a atteint, à Nancy, une épaisseur de 0^m, 419 et a séjourné sur le sol, depuis le 27 décembre jusqu'au 27 février ; mais c'est là un fait exceptionnel. Dans les montagnes des Vosges, elle est bien plus abondante et plus persistante. Les pics élevés de la chaîne centrale en sont quelquefois couverts dès les premiers jours d'octobre et en sont encore couronnés dans le mois de juin. Comme les plus hauts sommets de ces montagnes n'atteignent guère que la moitié de la limite des neiges perpétuelles, sous notre latitude, l'été les débarrasse de leur vêtement d'hiver. Cependant, dans les étés qui n'atteignent pas leur température moyenne, on en observe quelquefois des lambeaux, en plein mois d'août, sur quelques pentes exposées au nord, notamment au Hohneck, au Ballon de Guebwiller, au Gazon du Phénix et au Ballon d'Alsace.

Les forêts occupent, en Lorraine, une superficie de

---

(1) Il faut consulter sur la cause de ce phénomène, M. Babinet, *Etudes et lectures sur les sciences d'observations*, etc., t. IV, p. 107.

656,604 hectares, sur 2,596,851 hectares qui forment l'étendue de la Lorraine toute entière ; c'est, par conséquent, le quart de cette autre province et il est peu de parties de la France qui soient aussi boisées. Cette agglomération considérable d'arbres forestiers doit, au printemps et en été, par l'effet de la respiration de ces plantes, verser dans l'atmosphère une masse immense de vapeur d'eau.

L'état hygrométrique de l'atmosphère est donc, en Lorraine, extrêmement favorable à la végétation. Aussi, nous ne pourrions citer chez nous aucune espèce de plantes, dont l'aire d'extension soit limitée uniquement par défaut d'humidité sur certains points de notre sol, comme on l'observe sous d'autres climats. Il y a plus, les plantes annuelles se reproduisent constamment, chaque année, dans les mêmes localités, lorsqu'elles croissent en dehors des cultures et le botaniste est toujours certain de les y retrouver. Il n'en est pas ainsi, par exemple, sous le climat méditerranéen, où très-souvent une plante annuelle, très-abondante dans une localité, disparaît complétement l'année suivante, si, à l'époque de la germination de la graine, la sécheresse a régné, et elle ne couvre de nouveau le même sol qu'au bout de plusieurs années, comme nous l'avons constaté à Montpellier.

CHAPITRE III.

DES INFLUENCES QUI DÉPENDENT DU SOL.

Les plantes tiennent trop intimement au sol, pour que la nature des terrains variés, sur lesquels elles vivent et se propagent, n'ait aucune influence sur elles. La terre, étant constituée par diverses formations géologiques superposées, qui diffèrent singulièrement les unes des autres par leur composition chimique et par leurs propriétés physiques, il est indispensable, pour apprécier les rapports qui peuvent exister entre la nature des terrains et la distribution des espèces végétales à leur surface, de décrire brièvement la constitution géologique de la Lorraine.

Constitution géologique de la Lorraine.

Les diverses formations qui, dans notre circonscription, se montrent à la superficie du sol, ont presque toutes une grande puissance et se succèdent avec assez de régularité, pour que leurs limites soient faciles à établir. Les circonstances se présentent donc à nous favorables pour apprécier les conditions du problème soumis à notre examen.

Si l'on étudie la géologie de la Lorraine, en procédant de l'est à l'ouest, c'est-à-dire en suivant à la fois l'ordre des temps et celui des périodes géologiques, on voit successivement se dérouler devant soi les terrains primitifs, ceux de transition, toute la série des formations secondaires, y compris les étages inférieurs du groupe crétacé.

Terrains primitifs. — Le massif central des Vosges, entouré à sa base, comme nous l'avons vu, d'une ceinture plus ou moins continue de grès vosgien, est constitué en grande partie par des terrains primitifs, au milieu et à la base desquels viennent s'interposer des terrains de transition, dont la puissance est quelquefois très-considérable.

Les terrains primitifs, ou cristallins, dont nous allons d'abord nous occuper, varient un peu sous le rapport de leur aspect physique et par la proportion des éléments minéralogiques, qui les constituent. Mais en somme, quels que soient les noms qu'on leur applique, gneiss, leptynite, granite, syénite, etc., roches dont on ne peut pas toujours fixer les limites rigoureuses, c'est le quartz, les diverses variétés de feldspath, le mica et l'amphibole qui en forment la base. Chacune d'elles est plus ou moins compacte, ou plus ou moins susceptible de se désagréger et de former ainsi avec les détritus des plantes le sol végétal des montagnes primitives. Cette dernière circonstance, qui semble accessoire à tous autres égards, joue en géographie botanique un rôle assez important.

Les roches primitives forment, en grande partie, le massif du Ballon d'Alsace et spécialement toute sa région supérieure et, si on laisse en dehors le massif du Ballon de Guebviller et le Rotabac, presque toute la masse centrale en est formée jusqu'au col de la Steige. Elles reparaissent au Champ-du-Feu, dont elles forment le sommet.

TERRAINS DE TRANSITION. — Le groupe de la grauwacke commence la série des roches stratifiées. Il est formé de couches de nature bien différente : on y observe des roches arénacées, schisteuses, des phyllades, des quartzites, des micachistes et des calcaires en amas subordonnés. Cette formation présente, dans le massif central des Vosges, une assez grande puissance et constitue même quelques-uns des sommets les plus élevés des Vosges, tels que le Ballon de Guebwiller et le Rotabac, d'où elle s'étend, suivant M. de Billy, aux vallées et aux dômes voisins jusqu'à Thann, Felliringen, Bussang, Wildenstein, Metzeray, Lautenbach et Guebwiller. On le retrouve autour du massif du Champ-du-Feu, au-dessous de Schirmeck et au val de Villé jusqu'à son sommet; il reparait enfin entre Moyenmoutiers et Senones.

Le vieux grès rouge et le grès houiller ne nous offrent que des lambeaux épars aux environs de Plombières, de Remiremont, de Raon-l'Étape, de Senones, de Raon-sur-Plaine, entre Ribeauvillé et Saint-Hypolite, dans la vallée de Liepvre, dans le val de Villé, etc.

TERRAINS SECONDAIRES. — Toute la série de ces terrains

est représentée en Lorraine ; ils se déploient successivement en zones plus ou moins onduleuses et irrégulières, presque parallèles et présentent toutes une assez grande puissance, si l'on en excepte la formation la plus ancienne, qui va d'abord nous occuper.

I. *Le nouveau grès rouge ou Rothe-todte-liegende* des Allemands se montre seulement sous formes de taches plus ou moins étendues et disséminées çà et là. On en rencontre quelques dépôts à l'est de Remiremont et de Plombières, autour de Saint-Dié ; une bande plus importante s'étend de Senones à Corcieux et même jusqu'à Bruyères ; on l'observe aussi dans la vallée de la Bruche au nord de Schirmeck, dans la vallée de la Milbach à l'est de Villé, enfin à Raon-l'Étape, à Raon-sur-Plaine et à Raon-lès-Leau. Cette formation est constituée par des débris anguleux ou arrondis de diverses roches feldspathiques plus ou moins modifiées ou désagrégées sous forme de sables grossiers, le tout réuni par un ciment argilo-siliceux coloré en rouge par le fer. Ce ciment domine quelquefois et constitue alors les argilophyres solides ou friables. A la partie supérieure du dépôt on voit ordinairement des rognons isolés ou des couches souvent très-puissantes de dolomie blanche, grisâtre ou rose, quelquefois séparées par des couches de grès.

II. *Le grès vosgien* a une grande importance en Lorraine, en raison de son étendue ; il constitue à lui seul toute la moitié septentrionale de la chaîne des Vosges et, comme nous l'avons vu, il forme autour des terrains feldspathiques et de transition une ceinture interrompue à l'est, mais continue à l'ouest. Il pénètre également dans le massif central, y dessine des golfes et des iles et constitue le sommet d'un certain nombre de montagnes à base granitique ou de transition, telles que le Donon, l'Ormont, le Climont, le Solamont, le Grand Brocard, la Chatte-Pendue, le Laboulaye, la Tête-des-Chiens, le Signal-des-Hautes-Chaumes, etc.

A l'ouest du massif central des Vosges et dans la partie septentrionale de cette chaine, la zone de grès vosgien s'étend dans la direction du sud-ouest au nord-est, mais au nord de nos limites politiques actuelles elle forme en se développant considérablement une courbe en s'infléchissant vers le sud-ouest, puis une courbe en sens inverse qui la termine. La convexité de cette seconde courbe la ramène dans nos limites où elle forme notre frontière septentrionale actuelle de Spickeren à Villing et s'étend au sud jusqu'à Hombourg, Saint-Avold et Dourdhal.

Cette zone qui, sous la latitude de Plombières mesure à peu près 10 kilomètres de largeur, se rétrécit à Remiremont, se développe au delà jusqu'à atteindre plus de 30 kilomètres vers Saint-Dié, se resserre au pied du massif du Donon pour s'étendre de nouveau transversalement, enfin elle est fortement étranglée à la hauteur de Saverne pour se dilater plus au nord.

Cette formation est généralement constituée par des

grains de quartz d'apparence cristalline, réunis par un ciment argilo-siliceux coloré par l'oxyde de fer ; mais cette roche renferme très-souvent des galets arrondis de quartz ou de granite empâtés dans l'argile siliceuse.

Le grès vosgien constitue un sol extrêmement perméable qui a ordinairement de la dureté, mais qui se désagrège facilement à la surface pour former la base du sol végétal.

III. *Le grès bigarré* est extrêmement étendu dans sa partie méridionale et y mesure en largeur environ 50 kilomètres ; mais la zone qu'il forme se contracte brusquement avant d'atteindre Epinal et contourne, en restant étroite, toutes les sinuosités de la formation précédente.

La composition minéralogique du grès bigarré diffère peu de celle du grès vosgien. Les grains de quartz sont généralement moins fins et cette roche offre aussi dans sa pâte des cailloux roulés. Mais sa dureté est moindre et il est riche en fossiles végétaux.

IV. *Le muschelkalk*, qui succède au grès bigarré, forme aussi une zone extrêmement sinueuse et irrégulière, assez étroite au sud, s'élargissant sous la latitude de Châtel jusqu'à atteindre 25 kilomètres, s'étendant plus encore entre Blainville et Blâmont et se prolongeant au nord sur notre territoire, en formant deux courbes disposées, en sens inverse et concentriques à celles que présente le grès vosgien en dehors de nos limites. Cette zone de muschelkalk se termine au nord dans la vallée de la Moselle, au point où cette rivière abandonne nos limites.

Cette formation est composée de marnes, de calcaire et de dolomie, dont les couches alternent les unes avec les autres.

V. *Les marnes irisées* suivent la même ligne onduleuse que les formations précédentes et se terminent aussi au nord, dans la vallée de la Moselle, un peu plus à l'ouest que le muschelkalk. Il est une région surtout où cette formation est très-étendue, c'est dans la région des salines, où, en largeur, elle atteint près de 50 kilomètres.

Les marnes irisées sont formées de grès, de marnes, de calcaires et de gypse.

VI. *Le lias*. Après les trois membres du trias, dont nous venons de parler, nous trouvons, dans l'ordre de superposition, le terrain du lias, qui occupe en Lorraine une étendue considérable de la surface du sol. La zone qu'il forme est, dans la plus grande partie de notre circonscription dirigée du nord au sud; mais à ses deux extrémités elle se courbe vers l'ouest et suit ainsi la disposition générale que présentent en Lorraine presque toutes les formations géologiques. La courbe septentrionale sort de nos limites et pénètre dans le Grand-Duché de Luxembourg; mais le lias reparait dans le département de la Moselle sur deux points : à la base du plateau calcaire sur lequel s'élève la citadelle de Longwy et près de Saint-Pancré; dans le département de la Meuse, il se montre aussi à 5 ou 6 kilomètres au nord de Montmédy. La zone liasique est surtout développée sur les limites des départements de la Moselle et de la Meurthe et plus au sud dans la plaine où s'élèvent les villes de Vézelise et d'Haroué.

On distingue dans le lias plusieurs assises successives, qui se présentent, ainsi qu'il suit, dans l'ordre de leur superposition :

Le grès infraliasique se montre tout d'abord, mais ne forme qu'une bande étroite, qui suit tous les contours des marnes érisées sur lesquelles il repose et trace dans notre pays un horizon géologique assez nettement caractérisé. Ce grès est quartzeux, à grains moyens, généralement peu agrégés, à ciment argileux, ferrugineux ou plus rarement calcaire. Il est rarement à nu ; des argiles rougeâtres le recouvrant habituellement.

Le calcaire à Gryphées arquées lui succède et montre une uniformité remarquable ; il constitue un dépôt de bancs calcaires assez minces, alternant avec des couches de marne ou d'argile encore moins épaisses.

Les marnes supraliasiques viennent ensuite ; elles affleurent sur d'assez grands espaces et présentent successivement des assises d'argile, des bancs calcaires et marneux, abondants en *Gryphœa Cymbium* et en Belemnites. D'autres marnes leur succèdent, qui renferment de gros ovoïdes de fer carbonaté argileux ; puis des marnes schisto-bitumineuses, un grès calcaire (grès médioliasique), les marnes supérieures du lias, le grès supraliasique ou *Marly-Sandstone* des anglais, enfin l'hydroxyde de fer oolithique, exploité sur beaucoup de points de la Lorraine, mais qui n'affleure que rarement, étant presque toujours recouvert par les éboulis des coteaux calcaires qui le dominent.

VII. *L'étage jurassique inférieur* repose sur le lias et forme la première chaine de nos coteaux calcaires. Il se compose de différentes assises qui ont reçu les noms d'*Inferior Oolit*, de *Fullers-earth*, de *Great-oolit*, de *Bratford-clay*, de *Corn-brash* et de *Forest-marble*. Nous trouvons encore ici des assises alternantes de calcaires et de marnes; mais ces dernières ont très-peu de puissance et peuvent être à peu près négligées, au point de vue de la géographie botanique.

Cette formation est très-puissante en Lorraine et la zone qu'elle constitue a de 16 à 25 kilomètres en largeur. Elle est plus sinueuse que la précédente et se contourne également vers l'ouest à ses deux extrémités.

VIII. *L'étage jurassique moyen* forme deux groupes : l'inférieur est l'*Oxford-clay* ou argile à chailles, et le supérieur est connu sous les noms de *Coral-rag* ou calcaire corallien. Ils doivent être distingués, non-seulement au point de vue géologique, mais aussi au point de vue des végétaux qu'ils nourrissent.

L'*Oxford-clay* est constitué par diverses assises de marnes, plus ou moins chargées de parties calcaires ou siliceuses, avec alternance de dépôts calcaires; mais la partie supérieure de ce groupe, qui recouvre presque partout les couches inférieures, est formée d'une marne extrêmement siliceuse, à ce point que dans les fossiles qu'elle renferme la silice s'est généralement substituée à l'élément calcaire.

L'*Oxford-clay* forme à lui seul la grande plaine de la Woëvre et s'élève même jusqu'au tiers ou aux deux tiers de la hauteur des coteaux qui la dominent à l'ouest. La zone qu'il forme est assez irrégulière et donne naissance à des golfes et à des îles qui s'étendent au milieu des formations voisines, mais dont la direction générale est toujours celle d'un arc de cercle à concavité tournée à l'ouest.

Le *Coral-rag* est une formation entièrement calcaire et d'une puissance assez considérable. Il couronne deux longues séries de coteaux presque rectilignes, entre lesquelles coule la Meuse, dont elles encaissent la vallée. Son plus grand développement a lieu sur la rive droite entre Saint-Mihiel et Verdun.

Le *Coral-rag* présente à sa base un dépôt d'oolithe ferrugineuse, dont l'affleurement le contourne partout comme un cordon et dessine, comme l'hydroxyde de fer qui est superposé au lias, un horizon géologique important. Mais, comme lui, il est ordinairement caché par les graviers calcaires qui se détachent de la partie supérieure des coteaux.

IX. L'*étage jurassique supérieur* a un grand développement et occupe, à peu près la moitié de la surface du département de la Meuse. Il est constitué par trois groupes distincts : les calcaires à Astartes, les argiles à Gryphées virgules ou kimmeridgiennes et les calcaires portlandiens.

Les calcaires à Astartes sont formés d'assises de nature diverse ; on y trouve des calcaires oolithiques, de la lumachelle, des marnes, des argiles ; mais les calcaires dominent dans l'ensemble. Cette formation couronne, d'une manière continue, les plateaux qui bordent la rive gauche de la Meuse ; mais sur sa rive droite, on ne les rencontre qu'au sommet de quelques coteaux de coral-rag des arrondissements de Commercy et de Toul.

Les argiles kimmeridgiennes sont formées d'argiles ou de marnes alternant avec des calcaires blanchâtres ou jaunâtres, plus ou moins argileux, le tout formant des assises minces qui se succèdent et qui sont pétries de *Gryphœa virgula*.

Les calcaires portlandiens correspondent au *Porland-stone* des Anglais et c'est dans le Barrois qu'ils offrent la plus grande puissance. Ils sont moins développés vers le nord de la Lorraine et se prolongent, en dehors de nos limites dans le département de la Marne et dans celui des Ardennes.

X. *L'étage crétacé inférieur* n'est représenté, dans notre province que par les trois premiers groupes de cette formation. Il se trouve près des limites qui nous séparent de la Marne et de la Haute-Marne ; il est plus ou moins disséminé sur notre frontière et forme de nombreux ilots dans le calcaire portlandien. Sa composition est bien plus variée que celle des terrains précédents.

Les couches inférieures, qui constituent le terrain néocomien proprement dit, sont formées par des argiles noires, de l'hydroxyde de fer géodique, d'un grès ferrugineux, de sables siliceux, de calcaire, etc., et représentent le premier groupe.

Le second renferme les sables verts et le gault, qui succèdent quelquefois immédiatement au calcaire portlandien. Il montre à sa base des argiles; puis au-dessus, des sables, tantôt purement siliceux, tantôt composés de silicate de fer, leur succèdent; enfin les argiles du gault leur sont superposées.

Le troisième groupe renferme les grès verts. Ils constituent une pierre tendre, poreuse, légère, à grains généralement très-fins, mêlée de nodules siliceux, et les sables sont eux-mêmes composés de silice hydratée. Cette formation est très-développée sur quelques-uns des points de notre frontière occidentale et c'est sur elle que repose, en grande partie, la forêt d'Argonne.

Terrains quarternaires ou diluviens. — Ces formations sont beaucoup moins anciennes que les précédentes et sont venues se superposer d'une manière assez générale à la plupart de nos terrains secondaires. Elles n'y forment le plus souvent qu'une couche mince qui se mêle plus ou moins aux détritus du sol sous-jacent, mais qui, cependant, dans certaines localités, présentent une assise puissante. Ces terrains de transport jouent, au point de vue de la végétation, un rôle important. J'ajouterai même que beaucoup d'erreurs ont dû se glisser dans les travaux publiés jusqu'ici sur les rapports qui existent entre la nature du sol et la dispersion des espèces végétales, parce qu'on a accordé peut-être une trop grande part à l'influence des formations, qui constituent le sous-sol et qu'on a négligé souvent d'étudier la nature du sol superficiel. Nous devons donc décrire avec soin ces formations diluviennes.

1. Dans toute la chaine des Vosges et surtout dans sa partie centrale, les vallées présentent, presque partout, sur leurs flancs et à leur base des nappes d'éboulement, débris des montagnes qui les encaissent, et le fond de ces vallées nous offre partout des amas de fragments de roches plus ou moins volumineux, plus ou moins anguleux ou arrondis et des sables abondants. La nature de ces débris est celle des différentes formations qui affleurent dans ces mêmes vallées. Ils y forment sur certains points des dépôts puissants et étendus. Dans la plaine on les retrouve sous forme de cailloux roulés, de sables et de limon, le long du cours de toutes les rivières, qui prennent leur source dans la chaine des Vosges.

Ce diluvium est non-seulement répandu tout le long du cours de la Moselle, mais il se rencontre même à une assez grande distance de ses rives et à une hauteur quelquefois bien plus élevée que le niveau actuel de ses plus hautes eaux. Ainsi, dans la plaine de Toul, il s'étend dans la vallée de Liverdun jusqu'à Villey-Saint-

Etienne et s'élève même sur le flanc des coteaux voisins jusqu'à une assez grande hauteur; d'autre part, on peut le suivre dans toute la vallée de l'Ingressin où il est abondant; il franchit le col très-abaissé de Pagny et se prolonge dans la vallée de la Meuse, indiquant ainsi, d'une manière évidente, l'ancien cours de la Moselle. On en retrouve des dépôts couvrant de grands espaces au Sablon près de Metz et dans la vaste plaine située entre Metz et Thionville.

La vallée de la Meurthe nous offre des faits analogues. Le diluvium y recouvre une surface considérable entre Blainville-sur-l'Eau et Dombasle; le bassin de Nancy en présente un immense dépôt.

Dans la vallée de la Meuse, au-dessous de Pagny et de la vallée de l'Ingressin (1), les cailloux et les sables diluviens, d'origine vosgienne et semblables à ceux de la vallée de la Moselle, couvrent çà et là cette grande vallée; à Dun et en amont de cette ville ils s'étendent au loin et s'élèvent même sur les flancs de ce bassin jusqu'à 150 et même 200 mètres au-dessus du niveau de ce fleuve.

D'autres dépôts vosgiens, formés surtout de roches arénacées, sont également répandues dans les vallées de la Sarre, de la Seille, du Sanon, de la Vezouze, etc.

Le diluvium vosgien recouvre ainsi, de l'est à l'ouest,

---

(1) Au-dessus de ce point et dans tout le cours supérieur de la Meuse, on ne trouve que du diluvium calcaire; la Moselle débouchait donc autrefois dans la Meuse par la vallée de l'Ingressin.

des formations géologiques extrêmement variées. Lorsque la proportion d'argile, qu'il renferme ordinairement, est faible et que les matériaux siliceux, qui en forment la base, sont réduits à l'état de sables fins, le sol devient presque mobile et sans consistance, comme on l'observe entre Rosières-aux-Salines et Blainville-sur-l'Eau, à Vitrimont et sur quelques-uns des points de la plaine au milieu de laquelle Lunéville est bâtie.

Les alluvions anciennes de nos grandes vallées constituent un sol perméable, mais qui retient peu les eaux pluviales, à moins qu'elles ne reposent en couche mince sur un sous-sol argileux, ce qui arrive assez fréquemment. Elles jouent un rôle important relativement à notre agriculture et ont une influence marquée sur la dispersion des espèces végétales.

2. Un autre terrain de transport est assez généralement répandu sur les plateaux de notre formation jurassique, qui forment la plaine élevée connue sous le nom de Haie. Ce sol alluvien est, le plus souvent, en couche trop mince pour n'être pas abondamment mélangé des éléments calcaires du sol sous-jacent et, dans ce cas, les racines des végétaux s'implantent dans le sol calcaire lui-même. Mais çà et là sur ces coteaux, les plus bas comme les plus élevés, ce diluvium montre des assises plus puissantes et qui peuvent atteindre jusqu'à cinq mètres d'épaisseur.

Il se distingue de celui des vallées, car il est formé de sables et quelquefois de cailloux roulés exclusivement quartzeux et d'un argile rougeâtre. On y trouve aussi, mais en plus faible proportion de l'hydroxyde de fer, tantôt sous forme de pisolithe, tantôt à l'état de ciment mêlé aux autres éléments.

Ce sol, malgré l'argile qu'il contient, est assez perméable : mais on trouve au-dessous les formations oolithiques, dont la masse est extrêmement fendillée et constitue un véritable filtre. Aussi en été ce sol est sec et assez compacte.

3. La formation du coral-rag est aussi recouverte d'une couche ordinairement assez mince d'un diluvium qui diffère du précédent à quelques égards et qu'on pourrait nommer alluvion des côtes de la Woëvre. Sa couleur est brunâtre; l'alumine semble y prédominer; il retient l'eau plus longtemps, malgré les innombrables fissures du sous-sol ; mais il est, du reste, constitué par les mêmes éléments, et se trouve ordinairement mêlé aux détritus calcaires.

4. On observe aussi sur le coral-rag, comme sur les formations oolithiques, des dépôts isolés, généralement peu étendue d'une alluvion ancienne blanche, formée à la fois de sables, d'argile et de carbonate de chaux. Ce sol absorbe l'eau et la retient et ne se dessèche qu'en se fendillant.

5. Les alluvions anciennes du plateau portlandien sont des argiles sableuses, rougeâtres et paraissent être un mélange de sables verts décomposés et d'argile du gault. Ces dépôts, en grande partie ferrugineux, sont

surtout développés sur les plateaux compris entre la vallée de la Saulx et celle de l'Ornain.

6. Il est, chez nous, une alluvion d'une tout autre nature, qu'on observe dans notre formation jurassique, je veux parler d'un dépôt graveleux, connu à Nancy sous le nom de *grouine* et dont on fait usage pour sabler nos promenades et les allées de nos jardins. Elle est essentiellement formée de débris calcaires, détachés de la partie supérieure des coteaux et l'on y trouve des ossements et des dents d'Éléphants fossiles.

Ce dépôt est souvent très-abondant sur le flanc et à la base des coteaux et constitue même le diluvium de certaines vallées, qui se présente sous forme de graviers et de galets calcaires. On rencontre cette alluvion assez abondamment dans la vallée de l'Aire, de la Chée, de l'Ornain, de la Saulx, de l'Orne, du Rupt-de-Mad. Enfin la vallée de la Saonette en est couverte presque depuis Liffol-le-Grand jusqu'à l'embouchure de cette rivière dans la Meuse à Coussey.

7. Sur d'autres points, et notamment dans la vallée de la Seille, à la limite du lias et des marnes irisées, on trouve encore une alluvion d'un autre genre, qui participe à la fois de ces deux formations et qui est formée d'une argile jaune, recouvrant des dépôts meubles formés du mélange de graviers anguleux de dolomie keupérienne, de grès infraliasique, de calcaire à Gryphées arquées, de calcaire ochreux et même de calcaire oolithique.

TERRAINS MODERNES. — Les terrains modernes, en faisant abstraction des alluvions, qui se déposent constamment sur les rives de nos rivières, sont le tuf calcaire et la tourbe.

1. Le tuf calcaire est produit, comme chacun le sait, par les sources qui, chargées de carbonate de chaux, laissent déposer ce sel au contact de l'air. Cette formation contemporaine n'offre pas, en Lorraine, de dépôts extrêmement étendus. Ce tuf renferme des coquilles de Mollusques, qui vivent actuellement dans le pays tels que des *Helix*, des *Pupa*, des *Paludina*, des *Limnœa*, des *Planorbis* et des empreintes de feuilles d'arbres indigènes. On en observe dans le vallon de Bouxières-aux-Dames, à la fontaine de la Flie près de Liverdun. Il se trouve aussi à Morville-sur-Seille, à Bioncourt, à Lenoncourt, mais surtout à Vuisse près de Dieuze, où il couvre une superficie de plusieurs kilomètres carrés. Il est plus abondant aux environs de Toul, où il se montre au moulin de Saint-Fiacre, près Blénod, au val des Nones dans la vallée de l'Ingressin. Dans la Moselle, il se rencontre à Lepy, Clouange, Knutange, Mainbottel; dans la Meuse on le retrouve à Chauvency où il forme à mi-côte un dépôt de 3 à 4 mètres d'épaisseur; les sources des côtes voisines de Dun en déposent souvent et à Jupille les incrustations sont si abondantes qu'elles arrêteraient la roue d'un moulin, si on ne les brisait fréquemment; l'on peut même dire qu'il se montre d'une manière à peu près continue à partir de la limite du coral-rag et de l'ox-

fordien, qui indique le niveau des fontaines de cette région géologique. Le tuf se voit encore dans la vallée de l'Ornain où il parait s'étendre depuis Bar-le-Duc jusqu'aux environs de Revigny; on y trouve des feuilles de noisetier et des coquilles de Mollusques terrestres.

2. Les dépôts de tourbe sont très-communs dans la chaine des Vosges et surtout dans sa partie centrale. On l'observe dans les dépressions du sol, où elle continue à se former et tend même à combler plusieurs lacs, tels que ceux de Lispach, de Fondromé, etc.; sur ce dernier elle constitue même des îles flottantes couvertes de bouleaux (1). Elle est exploitée sur un grand nombre de points de la chaine des Vosges.

Dans la plaine, la tourbe se montre plus rarement et spécialement sur les dépôts de diluvium siliceux, où, comme dans les Vosges, sa formation a pour base plusieurs espèces de *Sphagnum*.

Mais, dans la vallée de la Meuse, elle existe dans les marais de Béthincourt, de Pagny-sur-Meuse, etc. Ce ne sont plus les Sphaignes qui lui donnent naissance; d'autres Mousses y concourent, telles que le *Hypnum cuspidatum*; enfin plusieurs Graminées, Cypéracées ou autres Phanérogames aquatiques y mêlent également leurs débris. Cette tourbe présente un autre aspect que celle des Vosges, mais nulle part elle n'est exploitée.

(1) Hogard, dans *Le département des Vosges, statistique historique et administrative*, par H. Lepage et Charton, t. I, p. 51.

TERRAINS VOLCANIQUES. — Je n'ai rien dit des terrains volcaniques, qui pénètrent à travers les autres formations géologiques et n'ont pas de place rigoureusement déterminée dans la série des terrains. Le groupe volcanique ne forme, du reste, qu'un point sur le sol de la Lorraine et n'est représenté que par la côte d'Essey dont nous avons déjà indiqué la position.

De la végétation dans ses rapports avec les formations géologiques.

Les diverses formations géologiques, qui se partagent la superficie de la Lorraine, étant connues, il nous sera facile d'établir par l'observation, s'il existe en réalité une relation entre chacun des groupes géologiques et la nature des espèces végétales qui la peuplent, ou, en d'autres termes, s'il y a des espèces spéciales et exclusives à chacun d'eux.

On pourrait, en effet, penser qu'il peut en être ainsi, en songeant que les différentes formations se sont produites à des époques différentes et que, si l'on en excepte la masse centrale des Vosges qui paraît avoir été soulevée tout d'une pièce après le dépôt des terrains de transition, du nouveau grès rouge et du grès vosgien, toutes nos autres formations semblent avoir été émergées les unes après les autres, au fur et à mesure que les dépôts qui les constituent ont pris rang dans la série géologique. On peut dès lors se demander, si des végétaux spéciaux n'auraient pas été créés successivement pour chacun de ces terrains ?

D'une autre part, les diverses assises du sol n'offrant pas toutes aux plantes les mêmes conditions d'existence, ne serait-ce pas la cause qui limite l'aire d'extension des végétaux ou, tout au moins, de certaines espèces ?

En examinant la distribution des espèces végétales sur notre sol, on est porté, tout d'abord, à considérer comme réels les résultats de ces influences. En effet, lorsque le botaniste se place sur la ligne qui sépare deux formations distinctes, le grès bigarré et le muschelkalk, ou le lias et le calcaire oolithique inférieur, par exemple, il est immédiatement frappé des dissemblances que présente la nature de la végétation de part et d'autre de cette limite ; il constate que certaines espèces ne la franchissent pas et sont, pour ainsi dire, parquées sur leur domaine géologique respectif.

Si l'on étudie la végétation d'un ilot, perdu au milieu d'une formation très-distincte de la sienne propre, on observe les mêmes faits, et, de plus, on constate que la végétation de cet ilot est positivement identique à celle de l'étage géologique, dont il semble avoir été détaché. Que l'on compare les plantes qui habitent le sommet des côtes de Sion-Vaudémont, de Delme ou de Tincry, etc., isolées au milieu d'une grande plaine liasique, avec celles qui peuplent nos crêtes jurassiques, on reconnaîtra immédiatement qu'elles sont les mêmes. Mais la nature géologique du sol est identique sur ces deux points.

A Sierk, les quartzites de transition se font jour à travers la formation du muschelkalk et constituent une île silicieuse. Le contraste est tout aussi frappant, sous le rapport botanique que sous celui de la nature du sol. Les plantes du calcaire conchylien s'arrêtent aux limites de cette île qu'elles n'envahissent pas. Mais on y voit en abondance le Scleranthus perennis *L.*, le Sedum elegans *Lej.*, le Gnaphalium luteo-album *L.*, etc., qui habitent toujours les sols siliceux; de plus, on y observe, avec quelque étonnement, les Aspidium germanicum *Weiss.* et septentrionale *Sw.*, ainsi que l'Umbilicaria pustulata *Hoffm.*, qu'on ne voit ni dans la plaine de Lorraine, ni sur nos coteaux jurassiques, mais qu'on retrouve sur les terrains granitiques et de transition du massif central des Vosges.

Ces considérations semblent favorables à l'idée qu'il existe des plantes propres à certaines couches géologiques. Mais, si l'on entre dans les détails, en prenant pour guide l'observation, comme nous allons le faire, on acquiert la conviction que cette théorie est inadmissible.

Si nous bornons, tout d'abord, nos recherches au seul territoire de la Lorraine et en faisant abstraction des plantes aquatiques, pour lesquelles le sol c'est l'eau, et des plantes parasites, sur lesquelles nous reviendrons plus loin, nous rencontrerons sans doute quelques végétaux qui, chez nous, ne se montrent que sur une formation déterminée. Mais cela tient-il à la nature purement géologique du sol? C'est ce que nous aurons à examiner.

Végétation des terrains granitiques. — Ces terrains présentent des conditions physiques très-favorables à la végétation, là surtout où les diverses variétés de granite ont été plus ou moins fracturées et désagrégées à leur surface par l'action continue des agents extérieurs pendant une longue suite de siècles. Là même, où le granite a résisté aux diverses actions détritiques, il est des végétaux qui se fixent néanmoins sur cette base solide et bravent les atteintes du temps. D'une autre part, le terrain granitique, par suite des bouleversements qu'il a éprouvés, nous présente de très-nombreuses vallées et une multitude de petits vallons, qui offrent des expositions extrêmement variées ; on y observe partout de nombreux cours d'eau et une humidité constante qui filtre constamment sur les surfaces rocheuses et se trouve en contact avec les racines des plantes. Aussi la végétation y est-elle, en général, luxuriante et variée.

Quant aux plantes, qui habitent exclusivement cette formation, du moins dans les Vosges, nous trouvons les suivantes :

Fumariées : Corydalis fabacea *Pers*.

Rosacées : Sibbaldia procumbens *L*.

Pomacées : Sorbus Chamæmespilus *Crantz*.

Onagrariées : Epilobium Duriæi *Gay*.

Crassulacées : Sedum Rhodiola *DC.*, villosum *L*. et alpestre *Vill*.

Synanthérées : Carlina nebrodensis *Guss.*; Picris pyrenaica *L.*; Hieracium alpinum *L.*, albidum *Vill.*, Schmidtii *Tausch.*, præruptorum *Fl. Lorr.* et cydoniæfolium *Vill.*

Scrophularinées : Bartsia alpina *L.*

Joncées : Juncus filiformis *L.*; Luzula nigricans *Desv.*

Cypéracées : Carex frigida *All.* (1).

Faut-il considérer ces végétaux, qu'on ne trouve dans les Vosges, que sur les terrains granitiques, comme liés intimement à ce sol géologique? Nous ne le pensons pas et notre opinion repose sur deux motifs. Si l'on en excepte le Juncus filiformis, *L.* qui descend jusqu'à 640 mètres d'altitude, toutes ces plantes habitent les plus hauts sommets des Vosges et ne descendent pas au-dessous de 1200 mètres, bien que le granite occupe un espace considérable sur les deux versants de la chaîne centrale des Vosges, qu'il se prolonge même jusqu'à Remiremont et s'abaisse jusqu'à 388 mètres au-dessus du niveau de l'océan. L'influence de l'altitude doit donc être ici prépondérante et, cela est si vrai, que la plupart de ces espèces se retrouvent à une hauteur correspon-

---

(1) Je n'ai pas osé joindre à cette liste, ni à celles qui vont suivre, les Mousses, les Hépatiques et les Lichens. Ces plantes échappent trop facilement à l'œil, pour qu'il ne soit pas téméraire d'affirmer, qu'elles ne croissent pas sur d'autres formations voisines ou analogues. Mais il n'en sera pas de même, lorsqu'il s'agira d'indiquer celles de ces plantes qui existent à la fois sur plusieurs groupes géologiques distincts; car, dans ce second cas nous aurons à constater des faits positifs.

dante et sur des formations bien différentes, dans la chaîne calcaire du Jura ou sur les dômes basaltiques de l'Auvergne.

Végétation des terrains de transition. — On a réuni sous ce nom des formations diverses et, par cela même qu'elles diffèrent entre elles, il y aurait peut-être plus de conditions favorables pour rencontrer sur l'ensemble du groupe plus de végétaux qui lui soient particuliers. Or, nous verrons qu'il n'en est rien.

Les roches qui constituent ces terrains se désagrègent difficilement en sables ; les sources y sont moins nombreuses que sur le granite, et la végétation y est plus pauvre. Néanmoins, comme nous l'établirons, il y a une grande analogie dans la végétation de nos deux premières formations, si l'on en excepte toutefois les parties calcaires des terrains de transition, dont la végétation est en partie différente et contraste avec celle des groupes géologiques voisins.

Les espèces végétales qui, en Lorraine, se rencontrent exclusivement sur les terrains de transition sont bien peu nombreuses et nous ne connaissons que les suivantes :

Géraniacées : Geranium palustre *L.*
Rosacées : Potentilla micrantha *DC.*
Synanthérées : Hieracium lycopifolium *Frœl.*
Primulacées : Androsace carnea *L.*
Boraginées : Cynoglossum montanum *L.*
Lycopodiacées : Lycopodium alpinum *L.*

Or, toutes ces espèces se retrouvent, soit dans le Jura, soit sur les volcans éteints de l'Auvergne. Elles ne sont donc pas spéciales aux terrains de transition.

Végétation des terrains secondaires. — Ces terrains étant constitués par des formations très-diverses, très-distinctes et s'étendant sur les trois quarts de la superficie de la Lorraine, nous devons les étudier séparément.

I. *Végétation du nouveau grès rouge* : Le nouveau grès rouge constitue le groupe le moins développé chez nous. Sa végétation offre beaucoup de rapport avec celle des terrains de transition, auxquels, du reste, plusieurs géologues le réunissent. Il n'offre aucune plante qui lui soit exclusive.

II. *Végétation du grès vosgien :* Dans l'immense étendue qu'il occupe et à des altitudes diverses, le grès vosgien offre un terrain assez sec mais meuble, et sa végétation présente une uniformité et une monotonie, qui affectent péniblement le botaniste. Nous ne connaissons que trois plantes qui, en Lorraine, soient exclusives à cette formation. Ce sont les suivantes :

Renonculacées : Anemone vernalis *L.*

Synanthérées : Cirsium anglicum *DC.*

Lycopodiacées : Lycopodium Chamæcyparissus *A. Br.*
Mais en dehors de nos limites, on les observe sur des sols bien différents.

III. *Végétation du grès bigarré :* Avec cette formation commence la grande plaine de Lorraine, et ici cesse, à peu près complétement, pour nos végétaux sauvages, l'influence de l'altitude. Le sol de ce terrain est assez maigre et sec; sa végétation participe de celle du grès vosgien, mais elle est plus pauvre encore. Il ne nourrit aucune plante qui lui soit exclusive.

IV. *Végétation du muschelkalk :* Elle est bien différente de celle des terrains précédents, là où les alluvions vosgiennes ne forment pas le sol végétal; elle ne nous offre rien de spécial. Nous y trouvons plutôt une analogie évidente avec celle des côteaux jurassiques, comme nous le ferons ressortir plus loin, mais elle est plus pauvre.

V. *Végétation des marnes irisées :* Ces marnes forment, en général, un sol argilo-calcaire, assez compacte et retenant facilement l'eau. Le sous-sol étant peu perméable, on y observe de nombreux étangs et les plantes aquatiques proprement dites, ainsi que les Joncs, les Cypéracées et les Équisétacées y prospèrent. Lorsque le sol n'est pas par trop argileux, les moissons y donnent d'abondantes récoltes. Les marnes irisées nourrissent quelques plantes qu'on ne trouve, en Lorraine, que sur cette formation; mais elles sont concentrées exclusivement sur les points où le sol est arrosé d'eau salée, et ne se voient pas là où le sol marin fait défaut.

Parmi ces plantes spéciales aux parties salifères de nos marnes irisées, nous pouvons, en nous bornant pour le moment aux espèces terrestres, indiquer les suivantes :

Alsinées : Spergula marina *Bartl.*; Cerastium anomalum *Waldst.*

Malvacées : Althæa officinalis *L.*

Ombellifères : Apium graveolens *L.*

Synanthérées : Aster Tripolium *L.*

Salsolacées : Salicornia herbacea *L.*

Juncaginées : Triglochin maritimum *L.*

Joncées : Juncus Gerardi *Loir.*

Graminées : Glyceria distans *Wahlenb.*

Du reste, ces mêmes plantes qui, dans notre province, restent fidèles aux marnes irisées, se voient en dehors de nos limites, sur le muschelkalk, sur le grès bigarré et surtout sur les sables et dans les marais des côtes maritimes, là où l'influence du sol se fait sentir. Leur présence dans le keuper est donc un accident et la présence de ces plantes sur notre sol n'est pas liée, directement du moins, à cette formation.

VI. *Végétation des terrains jurassiques* : Le lias, nous offrant aussi un sol argilo-calcaire, sa végétation a de grands rapports avec celle de la formation précédente, et il en est de même des autres terrains argileux jurassiques, telles que les argiles oxfordiennes et kimmeridgiennes.

Mais les parties calcaires des différents étages jurassiques nous offrent une flore, qui semble plus spéciale. Le sol est sec, assez dur, mais très-perméable et nous pouvons signaler, comme lui appartenant en propre, dans notre ancienne province les espèces suivantes :

Renonculacées : Thalictrum minus *L.* et sylvaticum *Koch.;* Anemone Hepatica *L.*

Crucifères : Erysimum cheiriflorum *Wallr.;* Sisymbrium supinum *L.;* Iberis Violleti *Fl. Lorr.;* Thlaspi montanum *L.*

Violariées : Viola alba *Bess.* et mirabilis *L.*

Linées : Linum Leonii *Schultz.*

Papilionacées : Cytisus decumbens *Walp.;* Ononis Natrix *L.;* Colutea arborescens *L.;* Coronilla minima *L.*

Ombellifères : Siler trilobum *Scop.;* Seseli montanum *L.*

Hédéracées : Cornus mas *L.*

Caprifoliacées : Lonicera Caprifolium *L.*

Synanthérées : Aster Amellus *L.* ; Lactuca perennis *L.*

Solanées : Physalis Alkekengi *L.*

Scrophularinées : Linaria supina *D C.;* Veronica prostrata *L* ; Euphrasia lutea *L.*

Labiées : Salvia Sclarea *L.* ; Stachys alpina *L.* ; Teucrium montanum *L.* ;

Globulariées : Globularia vulgaris *L.*

Daphnoidées ; Daphne Laureola *L.*

Santalacées : Thesium humifusum *DC.*

Euphorbiacées : Buxus sempervirens *L.*

Liliacées : Allium sphærocephalum *L.* ; Anthericum ramosum *L.*

Asparaginées : Ruscus àculeatus *L.*

Orchidées : Orchis Simia *Lam.* et pyramidalis *L.* ; Loroglossum hircinum *Rich.* ; Aceras anthropophora *R. Br.* ;

Ophrys myodes *Jacq.*, aranifera *Huds.*, pseudo-speculum *Bert.* et apifera *Huds.* ; Cypripedium Calceolus *L.*

Cypéracées : Carex halleriana *Ass.*, humilis *Leyss*, et ornithopoda *Willd.*

Graminées : Sesleria cærulea *Ard.*: Melica nebrodensis *Parl.*, et nutans *L.*

La flore du calcaire jurassique de la Lorraine semble bien caractérisée, si on la compare à toutes nos autres formations. Mais il ne faudrait pas en conclure, que les plantes, dont nous venons de donner l'énumération, soient réellement inhérentes à nos coteaux calcaires et qu'elles ne vivent jamais que sur le sol jurassique. Ce serait consacrer une erreur évidente. Et d'abord le tiers des plantes, qui figurent sur notre liste, n'existent pas dans la chaîne du Jura, qui géologiquement est formée des mêmes terrains. D'une autre part, presque toutes nos plantes jurassiques se retrouvent sur les terrains crayeux de la Champagne et sur les terrains tertiaires du bassin de Paris.

VII. *Végétation des grès verts*. Elle n'offre rien de particulier, mais présente une assez grande analogie avec celle des grès vosgien et bigarré.

VIII. *Végétation des alluvions*. Les alluvions ne présentent pas de plantes spéciales. Mais, suivant leur origine, leurs mélanges entre elles et avec le sous-sol, la flore de chacune d'elle participe de celle des diverses formations, qui en ont fourni les éléments.

Tous ces faits démontrent qu'il n'y a pas de plantes

spéciales à un groupe géologique déterminé, malgré la dissemblance souvent très-frappante qui se manifeste entre deux formations voisines relativement à la nature de leur végétation, à moins toutefois qu'il ne s'agisse d'une plante à extension géographique extrêmement limitée. Nous devons donc chercher ailleurs la solution de la question, que nous nous sommes posée.

De la végétation dans ses rapports avec les éléments minéralogiques du sol.

Si la géologie ne nous explique pas la distribution des végétaux à la surface de la terre, ne pourrions-nous pas trouver quelque lumière à cet égard en étudiant cette question dans ses rapports avec la constitution minéralogique du sol ? Il est, en effet, des terrains qui, bien différents au point de vue géologique, ont une nature minéralogique semblable ou analogue et chez lesquels on trouve, du moins un élément chimique commun. Or ces terrains, intercalés au milieu des autres groupes géologiques, ne nourrissent-ils pas un certain nombre d'espèces végétales qui leur sont communes et qui à part la nature du sol, vivent et prospèrent dans des conditions si différentes sous le rapport de l'altitude et des agents météorologiques, que ces derniers éléments du problème disparaissent nécessairement ? C'est la marche que nous allons suivre; nous simplifierons ainsi la question; nous éliminerons les effets des influences qui dépendent de l'atmosphère et il ne nous restera plus qu'à constater celle de la composition minéralogique du sol sur la végétation.

Nous nous occuperons tout d'abord des plantes terrestres, qui, par leurs racines, tiennent si intimement au sol. Nous étudierons ensuite les plantes parasites et nous rechercherons si, dans leur station respective, elles sont placées sous l'influence du sol ou sous celle de la plante-mère, sur laquelle elles s'implantent. Enfin nous traiterons des plantes essentiellement aquatiques ; car pour elles, comme nous l'avons déjà dit, le sol, c'est l'eau.

I. PLANTES TERRESTRES.

Il est des plantes terrestres, qui vivent partout sur notre sol, qui s'accommodent de tous les terrains, quelle que soit leur constitution géologique ou minéralogique. Leur proportion est même assez considérable pour qu'un examen superficiel de la question que nous agitons, puisse laisser, tout d'abord, quelque doute dans l'esprit, au sujet de l'influence du sol sur la dispersion des végétaux. Mais souvenons-nous que, s'il est un assez grand nombre de végétaux, qui se montrent indifférents à l'action des agents météorologiques, il en est cependant qui ne peuvent vivre que dans des conditions atmosphériques spéciales. Or, il en est de même relativement à la question que nous venons de poser. Constatons d'abord quelles sont ces plantes qui, en Lorraine, semblent indépendantes de la composition minéralogique du sol.

Plantes indifférentes à la nature minéralogique du sol. — Nous signalerons les suivantes :

Renonculacées : Anemone nemorosa *L.* ; Ranunculus Flammula *L.*, auricomus *L.*, acris *L.*, sylvaticus *L.*, repens *L.* et bulbosus *L.* ; Ficaria ranunloïdes *Mœnch.* ; Caltha palustris *L.* ; Aquilegia vulgaris *L.*

Berbéridées : Berberis vulgaris *L.*

Papavéracées : Chelidonium majus *L.*

Fumariées : Corydalis cava *Schwægr.* ; Fumaria officinalis *L.*

Crucifères : Sisymbrium officinale *L.* et Alliaria *L.* ; Nasturtium sylvestre *R. Br.* ; Arabis perfoliata *Lam.* ; Cardamine pratensis *L.* ; Draba verna *L.* ; Thlaspi Bursa-pastoris *L.*

Violariées : Viola odorata *L.*, sylvatica *Fries* et tricolor *L.*

Polygalées : Polygala vulgaris *L.*

Silénées : Dianthus profiter *L.*, Armeria *L.* et Carthusianorum *L.* ; Silene inflata *Sm.*, nutans *L.*, rupestris *L.*, pratensis *Fl. fr.* et diurna *Fl. fr.* ; Lychnis Flos-cuculli *L.*

Alsinées : Sagina procumbens *L.* ; Mœhringia trinervia *Clairv.* ; Arenaria serpillifolia *L.* ; Stellaria Holostea *L.*, graminea *L.* et media *Vill.* ; Cerastium viscosum *Fries*, semidecandrum *L.*, arvense *L.* et vulgatum *L.*

Linées : Linum catharticum *L.*

Géraniées : Geranium Robertianum *L.*, molle *L.*, pusillum *L.*, dissectum *L.* et columbinum *L.*

Hypéricinées : Hypericum perforatum *L.*

Oxalidées : Oxalis Acetosella *L.*

Acérinées : Acer Pseudoplatanus *L.*

Célastrinées : Evonymus europæus *L.*

Rhamnées : Rhamnus Frangula *L.*

Papilionacées : Genista sagittalis *L.* ; Ononis campestris *Koch* ; Melilotus officinalis *Lam.* ; Trifolium arvense *L.*, ochroleucum *L.*, medium *L.*, pratense *L.*, repens *L.*, agrarium *L.* et procumbens *L.* ; Lotus corniculatus *L.* et uliginosus *Schk.* ; Vicia sepium *L.*, angustifolia *Roth* et sativa *L.*; Cracca major *Franck.* et minor *Riv.*; Ervum tetraspermum *L.* ; Lathyrus pratensis *L.*, hirsutus *L.* et macrorhizus *Wimm.*

Amygdalées : Prunus spinosa *L.*

Rosacées : Spiræa Ulmaria *L.* ; Geum urbanum *L.* ; Potentilla Fragariastrum *Ehrh.*, Tormentilla *Nestl.* et verna *L.* ; Fragaria vesca *L.* ; Rubus cæsius *L.*, vestitus *W.* et *N.* et fruticosus *L.* ; Rosa canina *L.*, sepium *Thuill.*, rubiginosa *L.* et tomentosa *Sm.*

Sanguisorbées : Agrimonia Eupatorium *L.* ; Poterium dictyocarpum *Spach* ; Alchemilla arvensis *Scop.*

Pomacées : Cratægus Oxyacantha *L.* ; Pyrus acerba *DC.* ; Sorbus aucuparia *L.*

Onagrariées : Epilobium tetragonum *L.*, roseum *Schreb.*, montanum *L.*, parviflorum *Schreb.* et angustifolium *L.*

Lythrariées : Lythrum Salicaria *L.*

Crassulacées : Sedum acre *L.*, reflexum *L.* et album *L.*

Ombellifères : Daucus Carota *L.* ; Torilis Anthriscus *Gœrtn.* ; Angelica sylvestris *L* ; Heracleum Sphondylium *L.* ; Pimpinella Saxifraga *L.* ; Bunium Carvi *Bieb.* ; Ægopodium Podagraria *L.* ; Scandix Pecten-Veneris *L.* ; Anthriscus sylvestris *Hoffm.* ; Chærophyllum temulum *L.* ; Sanicula europæa *L.*

Hédéracées : Hedera Helix *L.* ; Cornus sanguinea *L.*

Caprifoliacées : Adoxa Moschatellina *L.* ; Sambucus nigra *L.* ; Viburnum Opulus *L.* ; Lonicera Xylosteum *L.* et Periclymenum *L.*

Rubiacées : Galium cruciata *Scop.*, verum *L.*, sylvaticum *L.*, Mollugo *L.*, sylvestre *Poll.*, uliginosum *L.*, palustre *L.* et Aparine *L,* ; Asperula odorata *L.* ; Sherardia arvensis *L.*

Valérianées : Valeriana officinalis *L.*

Dipsacées : Knautia arvensis *Coult.* ; Scabiosa Columbaria *L.* et Succisa *L.*

Synanthérées : Eupatorium cannabinum *L.* ; Petasites officinalis *Mœnch* ; Solidago Virga-aurea *L.* ; Erigeron canadense *L.* et acre *L.* ; Bellis perennis *L.* ; Senecio vulgaris *L.*, viscosus *L.*, Jacobæa *L.* et crucifolius *L.* ; Artemisia vulgaris *L.* ; Leucanthemum vulgare *Lam* ; Matricaria inodora *L.* ; Anthemis arvensis *L.* et Cotula *L.* ; Achillæa Millefolium *L.* et Ptarmica *L.* ; Bidens tripartita *L.* et cernua *L.* ; Inula Conyza *L.* ; Gnaphalium uliginosum *L.* et sylvaticum *L.* ; Cirsium lanceolatum

Scop., palustre *Scop.* et arvense *Scop.*; Centaurea Jacea *L.*; Carlina vulgaris *L.*; Lampsana communis *L.*; Hypochæris radicata *L.*; Thrincia hirta *Roth*; Leontodon autumnalis *L.*, et proteiformis *Vill.*; Picris hieracioïdes *L.*; Tragopogon pratensis *L.*; Lactuca muralis *L.*; Sonchus oleraceus *L.*, asper *Vill.* et arvensis *L.*; Barkhausia fœtida *DC.*; Crepis polymorpha *Wallr.* et biennis *L.*; Hieracium Pilosella *L.*, Auricula *L.*, murorum *L.*, vulgatum *Fries*, boreale *Fries* et umbellatum *L.*

Campanulacées : Campanula rotundifolia *L.*, rapunculoïdes *L.*, Trachelium *L.* et percicifolia *L.*; Phyteuma spicatum *L.*

Cucurbitacées : Bryonia dioïca *Jacq.*

Primulacées : Primula elatior *Jacq.*; Lysimachia vulgaris *L.* et nummularia *L.*; Anagallis arvensis *L.*

Oléacées : Ligustrum vulgare *L.*; Fraxinus excelsior *L.*

Apocynées : Vinca minor *L.*

Gentianées : Erythræa Centaurium *Pers.*

Convolvulacées : Convolvulus sepium *L.*

Boraginées : Lycopsis arvensis *L.*; Lithospermum arvense *L.*; Echium vulgare *L.*; Myosotis palustris *Wither.*, sylvatica *Hoffm.*, intermedia *Link* et hispida *Schlect.*

Solanées : Solanum Dulcamara *L.* et nigrum *L.*

Verbascées : Verbascum Thapsiforme *Schrad.*, Lychnitis *L.* et nigrum *L.*

Scrophularinées : Scrophularia nodosa *L.*; Antirrhinum Orontium *L.;* Linaria vulgaris *Mill.* et minor *Desf.;* Veronica scutellata *L.*, Anagallis *L.*, Beccabunga *L.*, Chamædrys *L.*, officinalis *L.*, serpillifolia *L.*, agrestis *L.*, et hederæfolia *L.;* Euphrasia Odontites *L.* et serotina *Lam.;* Rhinanthus major *Ehrh.* et minor *Ehrh.;* Melampyrum pratense *L.*

Labiées : Mentha aquatica *L.*, et Pulegium *L.*; Lycopus europæus *L.;* Origanum vulgare *L.;* Thymus Chamædrys *Fries.*; Calamintha Acinos *Clairv.* et Clinopodium *Benth.;* Glechoma hederacea *L.;* Lamium album *L.*, maculatum *L.*, purpureum *L.*, amplexicaule *L.* et Galeobdolon *Crantz*; Galeopsis Tetrahit *L.;* Stachys sylvatica *L.* et palustris *L.;* Betonica officinalis *L.;* Ballota fætida *Lam.*; Scutellaria galericulata *L.*; Brunella vulgaris *L.;* Ajuga reptans *L.;* Teucrium Scorodonia *L.*

Verbénacées : Verbena officinalis *L.*

Plantaginées : Plantago major *L.* et lanceolata *L.*

Amarantacées : Amarantus Blitum *L.*

Salsolacées : Chenopodium polyspermum *L.*, hybridum *L.*, murale *L.*, urbicum *L.*, et leiospermum *D C.;* Blitum Bonus-Henricus *Rchb.;* Atriplex hastata *L.* et patula *L.*

Polygonées : Rumex obtusifolius *L.*, crispus *L.*, conglomeratus *Muw.*, nemorosus *Schrad.* et Acetosa *L.*; Polygonum lapathifolium *L.*, Persicaria *L.*, mite *Schrank*, Hydropiper *L.*, aviculare *L.* et Convolvulus *L.*

Daphaoïdées ; Daphne Mezereum *L.*

Euphorbiacées : Euphorbia helioscopia *L.*, Cyparissias *L.*, Peplus *L.* et exigua *L.;* Mercurialis annua *L*, et perennis *L.*

Urticées : Urtica urens *L.* et dioïca *L.*

Ulmacées : Ulmus campestris *L.*

Cupulifères : Quercus sessiliflora *Sm.* et pedunculata *Ehrh.*; Corylus Avellana *L.;* Carpinus Betulus *L.*

Salicinées : Salix Capræa *L.*, cinerea *L.* et aurita *L.;* Populus tremula *L.*

Bétulinées : Betula alba *L.;* Alnus glutinosa *Gœrtn.*

Colchicacées : Colchicum autumnale *L.*

Liliacées.: Allium ursinum *L.*, oleraceum *L.* et vineale *L.*

Asparaginées : Asparagus officinalis *L.*

Joncées : Juncus conglomeratus *L.*, effusus *L.*, bulbosus *L.*, Lamprocarpus *Ehrh.* et sylvaticus *Reich.;* Luzula vernalis *DC.*, maxima *DC.*, albida *DC.* et campestris *DC.*

Orchidées : Orchis mascula *L.*, maculata *L.*, bifolia *L.;* Neottia Nidus-avis *Rich.;* Listera cordata *R. Br.;* Epipactis latifolia *All.*

Iridées : Iris Pseudacorus *L.*

Aroïdées Arum maculatum *L.*

Cypéracées : Scirpus sylvaticus *L.;* Eleocharis palustris *R. Br.;* Carex disticha *Huds.*, vulpina *L.*, muricata *L.*, leporina *L.*, Goodenowii *Gay.*, acuta *Fries.*, glauca *Scop.*, pallescens *L.*, præcox *Jacq.*, sylvatica *Huds.*, paludosa *Good.*, riparia *Curt.* et hirta *L.*

Graminées : Baldingera colorata *Fl. der Wett* ; Anthoxanthum odoratum *L.*; Phleum pratense *L.*; Alopecurus pratensis *L.*, agrestis *L.* et geniculatus *L.*; Setaria viridis *P. Beauv.* ; Phragmites vulgaris *Trin.*; Agrostis vulgaris *With.*; Milium effusum *L.*; Deschampsia cæspitosa *P. Beauv.*; Avena pubescens *L.*; Arrhenatherum elatius *M.* et *Koch.*; Trisetum flavescens *P. Beauv.*; Holcus lanatus *L.*; Kæleria cristata *Pers.*; Catabrosa aquatica *P. Beauv.*; Glyceria fluitans *R. Br.*; Poa annua *L.*, bulbosa *L.*, nemoralis *L.*, trivialis *L.*, et pratensis *L.*; Melica uniflora *Retz* ; Dactylis glomerata *L.*; Molinia cærulea *Mœnch*; Cynosurus cristatus *L.*; Festuca rubra *L.* et elatior *L.*; Bromus sterilis *L.*; Serrafalcus pratensis *Fl. lorr.*, mollis *Parl.* et arvensis *Fl. lorr.*; Agropyrum repens *P. Beauv.*; Brachypodium sylvaticum *Rœm.* et pinnatum *P. Beauv.*; Lolium perenne *L.*

Fougères : Botrychium Lunaria *Sw.*; Polypodium vulgare *L.*; Polystichum Felix-mas *Roth.* et spinulosum *DC.*; Cyathea fragilis *Sm.*; Asplenium Felix-fœmina *Sw.*, Ruta-muraria *L.* et Trichomanes *L.*; Scolopendrium officinarum *Sw.*

Equisétacés : Equisetum arvense *L.*, palustre *L.*, et limosum *L.*

Mousses : Hylocomium splendens *Schimp.*, brevirostrum *Schimp.*, squarrosum *Sch.* et triquetrum *Sch.*; Hypnum polymorphum *Hedw.*, cupressiforme *L.*, Molluscum *Hedw.*, rugosum *Ehrh.*, cuspidatum *L.*, Schreberi *Willd.* et purum *L.*; Amblystegium serpens *Schimp.*; Camptothecium lutescens *Schimp.*; Brachythecium populeum *Schimp.*, velutinum *Schimp.* et rutabulum *Sch.*; Isothecium myurum *Brid.*; Eurhynchium prælongum *Schimp.*; Thamnium alopecurum *Schimp.*; Rhynchostegium murale *Schimp.* et rusciforme *Sch.*; Plagiothecium denticulatum *Schimp.* et sylvaticum *Sch.*; Thuidium tamariscinum *Schimp.*, delicatulum *Schimp.* et abietinum *Sch.*; Anomodon attenuatus *Hart.* et viticulosus *Hook.*; Antitrichia curtipendula *Brid.*; Leucodon sciuroïdes *Schwœgr.*; Climacium dendroïdes *W.* et *Morh.*; Homalothecium sericeum *Schimp.*; Omalia trichomanoïdes *B.* et *Schimp.*; Polytrichum formosum *Hedw.*, et piliferum *L.*; Mnium cuspidatum *Hedw.*, undulatum *Hedw.*, rostratum *Schwœgr.*, serratum *Brid.* et punctatum *Hedw.*; Bryum cæspititium *L.*, argenteum *L.*, capillare *Hedw.*, roseum *L.*, pseudotriquetrum *Schwœgr.*; Webera nutans *Shreb.*; Leptobryum pyriforme *Schimp.*; Funaria hygrometrica *L.*; Entosthodon fascicularis *Schimp.*; Racomitrium canescens *Brid.*; Grimmia apocarpa *Hedw.* et pulvinata *Dill.*; Encalypta vulgaris *Hedw.*; Ceratodon purpureum *Brid.*; Barbula rigida *Schultz.*, ambigua *B.* et *Sch.*, aloides *Koch.*, unguiculata *Hedw.*, revoluta *Schwœgr.*, horschuchiana *Schultz*, muralis *L.*, subulata *Brid.* et ruralis *Hedw.*; Trichostomum homomallum *Hedw.* et pallidum *Hedw.*; Anacalypta lanceolata *Hedw.*; Pottia cavifolia *Ehrh.*, minutula *Schwœgr.* et truncata *Hedw.*;

Fissidens taxifolius *Hedw.*, adiantoides *Hedw.*; Dicranum scoparium *L.* et undulatum *Turn.*; Dicranella varia *Schimp.*; Weisia viridula *Brid.*; Astomum crispum *Hamp.*; Pleuridium nitidum *Schimp.* et subulatum *Schimp.*; Phascum cuspidatum *Schreb.* et brioïdes *Dicks.*; Acaulon muticum *Müll.*

HÉPATIQUES : Plagiochila asplenioïdes *Nées* et *Mont.*; Scapania undulata *Nées* et *Mont.* et nemorosa *Nées* et *Mont.*; Jungermannia excisa *Dicks.*, et biscupidata *L.*; Lophocolea bidentata *Nées*, et heterophylla *Nées.*; Chiloscyphus polyanthus *Nées.*; Frullania Tamarisci *Nées*; Pellia epiphylla *Nées*; Aneura pinguis *Duw.*; Metzgeria furcata *Nées*; Marchantia polymorpha *L.*

LICHENS : Leptogium lacerum *Fries* et palmatum *Mont.*; Bæomyces roseus *Pers.*; Cladonia pyxidata *Fries*, fimbriata *Fries*, squamosa *Hoffm.*, furcata *Schœr.*, rangiferina *Hoffm.*; Pettigera canina *Hoffm.*, polydactyla *Hoffm.* et horizontalis *Hoffm.*; Urceolaria scruposa *Ach.*; Lecidea vernalis *Ach.*

Il résulte de l'ensemble de nos observations, faites en Lorraine, que la proportion des espèces Acotylédones terrestres, indifférentes à la nature du sol, relativement au nombre d'espèces du même grand embranchement spéciales à certaines natures minéralogiques de terrains est plus grande que dans les deux autres grandes divisions du règne végétal et qu'il en est de même des Monocotylédones comparées aux Dicotylédones. La différence serait bien plus saillante encore, en ce qui concerne les Acotylédones, si nous avions pu comprendre, dans nos listes, les Champignons. Car, il est certain pour nous, que les plantes de cette famille, prises dans leur ensemble, se montrent plus indépendantes encore du sol que toutes les autres.

Si l'on considère, en outre, que les influences climatériques paraissent agir dans le même sens, on en conclura que les végétaux les plus élevés dans l'échelle organique sont ceux qui exigent, en plus grand nombre, des conditions d'existence déterminées, tandis que l'inverse a lieu pour les plantes inférieures. On s'expliquera, enfin, pourquoi ces dernières ont généralement une aire d'extension beaucoup plus étendue et que certaines d'entre elles deviennent même presque cosmopolites.

Les plantes indifférentes à la nature du sol étant écartées, il nous sera plus facile d'établir qu'elles sont les espèces qui sont propres aux terrains qui se ressemblent ou se rapprochent par leur constitution minéralogique. Nous rechercherons tout d'abord quels sont les végétaux qui sont communs aux sols primitifs et à ceux de transition.

Plantes communes aux terrains granitiques et de transition. — Ces terrains, si l'on en excepte quelques assises calcaires qu'on observe çà et là dans les terrains stratifiés les plus anciens, ont une analogie minéralogique assez grande, pour qu'on puisse penser que, si les éléments constitutifs du sol ont, sur la nature de la végétation, une influence positive, celle-ci doit se révéler dans cette circonstance. Toutefois nous ferons observer, que la question se complique ici de l'influence de l'altitude, dont il nous faudra tenir compte.

Les plantes qu'on rencontre à la fois sur les terrains primitifs et de transition et qu'on ne voit que sur eux, du moins dans nos Vosges, sont les suivantes :

Renonculacées : Anemone alpina *L.* et narcissiflora *L.;* Trollius europæus *L.;* Aconitum Napellus *L.*

Crucifères : Dentaria digitata *Lam.;* Thlaspi alpestre *L.*

Violariées : Viola lutea *Sm.*

Silénées : Silene rupestris *L.*

Rosacées : Rosa rubrifolia *Vill.* et alpina *L.*

Sanguisorbées : Alchemilla alpina *L.*

Pomacées : Cotoneaster vulgaris *Lindl.*

Onagrariées : Epilobium alpinum *L.* et trigonum *Schrank.*

Crassulacées : Sedum annuum *L.*

Grossulariées : Ribes petræum *Jacq.*

Saxifragées : Saxifraga Aizoon *Jacq.*, stellaris *L.* et decipiens *Ehrh.*

Ombellifères : Bupleurum longifolium *L.*

Caprifoliacées : Lonicera nigra *L.*

Rubiacées : Galium montanum *Vill.*

Valérianées : Valeriana tripteris *L.*

Synanthérées : Petasites albus *Gœrtn.;* Carduus Personata *Jacq.;* Crepis blattarioïdes *Vill.;* Sonchus alpinus *L.* et Plumieri *L.*; Hieracium aurantiacum *L.*, Mougeoti *Frœl.*, auratum *Fries.*

CAMPANULACÉES : Campanula latifolia *L.*

LENTIBULARIÉES : Pinguicula vulgaris *L.*

GENTIANÉES : Gentiana campestris *L.*

BORAGINÉES : Myosotis alpestris *Schm.*

SCROPHULARINÉES : Veronica saxatilis *Jacq.*; Pedicularis foliosa *Jacq.*; Melampyrum sylvaticum *L.*

POLYGONÉES : Rumex montanus *Desf.*

ORCHIDÉES : Orchis globosa *L.*

ASPARAGINÉES : Steptopus amplexifolius *DC.*

LILIACÉES : Allium Victorialis *L.*

JONCÉES : Luzula spadicea *DC.* et nigricans *Desv.*

GRAMINÉES : Calamagrostis montana *Host.*

FOUGÈRES : Botrychium matricarioïdes *Willd.*; Aspidium Lonchitis *Sw.*; Polypodium Rhæticum *Willd.*; Struthiopteris crispa *Wallr.*

MOUSSES : Pseudoleskea atro-virens *Schimp.*; Grimmia commutata *Hüb.* et ovata *W.* et *Mohr.*; Amphidium lapponicum *Schimp.*; Dicranum Starkii *W.* et *Mohr.*

HÉPATIQUES : Gymnomitrium concinnatum *Corda.*

LICHENS : Stereocaulon tomentosum *Fries*; Platysma cucullatum *Hoffm.*; Parmelia tristis *Nyl.*; Lecanora badia *Ach.* et glaucoma *Ach.*; Lecidea morio *Schœr.* et confluens *Schœr.*

Nous ferons remarquer que sur les 42 plantes Phanérogames que cette liste renferme, 36 ne vivent qu'au delà de 1,000 mètres au-dessus du niveau de la mer, et que 33 se retrouvent à des hauteurs correspondantes sur les sommets calcaires du Jura. L'altitude joue donc encore ici le rôle prépondérant ; mais nous allons immédiatement écarter son action dans les faits, qu'il nous restent à exposer.

Plantes communes aux terrains primitifs et de transition et à ceux des grès vosgien et bigarré. — Dans toutes ces formations, c'est l'élément siliceux qui domine dans le sol, et les altitudes varient de 1,426 mètres à 250, ce qui annule l'action des agents météorologiques ; d'une autre part, les propriétés physiques du sol et les arrosements naturels offrent aussi trop de différences dans la zone, que présentent dans les Vosges ces différents terrains, pour que la nature minéralogique du sol ne soit pas la cause principale qui régit la distribution des végétaux dans cette vaste région. Or, les plantes qu'elle nourrit à la fois dans ses différentes parties sont les suivantes :

Renonculacées : Ranunculus aconitifolius *L.*

Crucifères : *Cardamine amara *L.* et sylvatica *Link* ; *Teesdalia nudicaulis *R. Br.*

Violariées : *Viola palustris *L.* et *canina *L.*

Polygalées : *Polygala depressa *Wend.*

Silenées : Dianthus deltoïdes *L.*

Alsinées : *Spergula rubra *Dietr.*

Malvacées : *Malva moschata *L.*

Géraniées : Geranium sylvaticum *L.* ; *Erodium pimpinellæfolium *Sibth.*

Hypéricinées : *Hypericum pulchrum *L*., quadrangulum *L*. et *humifusum *L*. ; Elodes palustris *Spach*.

Balsaminées : *Impatiens Noli-tangere *L*.

Papilionacées : *Sarothamnus scoparius *Wimm*. ; *Genista germanica *L*. ; *Ornithopus perpusillus *L*.

Amygdalées : *Prunus Padus *L*.

Rosacées : Spiræa Aruncus *L*. ; *Rubus glandulosus *Bell*. et nitidus *W*. et *Nées*.

Sanguisorbées : Agrimonia odorata *Mill*. ; Sanguisorba officinalis *L*.

Onagrariées : *Epilobium palustre *L*. et obscurum *Schreb*.

Circéacées : Circæa alpina *L*. et intermedia *Ehrh*.

Lythariées : *Peplis Portula *L*.

Portulacées : Montia rivularis *Gmel*. et *minor *Gmel*.

Paronychiées : *Corrigiola littoralis *L*. ; *Illecebrum verticillatum *L*. ; *Scleranthus perennis *L*.

Crassulacées : Sedum villosum *L*. et *elegans *Lej*.

Saxifragés : *Chrysosplenium alternifolium *L*. et oppositifolium *L*.

Ombellifères : *Peucedanum palustre *Mœnch* et *Orcoselinum *Mœnch* ; Meum Athamanticum *Jacq*. ; Chærophyllum hirsutum *L*.

Caprifoliacées : *Sambucus racemosa *L*.

Rubiacées : Galium rotundifolium *L*., boreale *L*. et saxatile *L*.

Synanthérées : Adenostyles albifrons *Rchb*. ; Arnica montana *L*. ; *Senecio sylvaticus *L*. ; Artemisia campestris *L.* ; *Gnaphalium luteo-album *L.* ; *Antennaria dioïca *Gœrtn.* ; Filago minima *Fries* ; *Centaurea nigra *L.*; *Arnoseris minima *Gœrtn.* ; *Hypochæris glabra *L.* et maculata *L* ; Leontodon pyrenaïcus *Gouan* ; *Prenanthes purpurea *L.* ; Crepis paludosa *Mœnch*.

CAMPANULACÉES : Jasione perennis *Lam.*

VACCINIÉES : Vaccinium uliginosum *L.*, *Myrtillus *L.* et Vitis-idæa *L.* ; Oxycoccus palustris *Pers.*

ERICINÉES : Andromeda polifolia *L.* ; *Calluna vulgaris *Salisb.*

PRIMULACÉES : Lysimachia nemorum *L.*

AQUIFOLIACÉES : Ilex Aquifolium *L.*

BORAGINÉES : *Myosotis versicolor *Pers.*

SCROPHULARINÉES : Scrophularia vernalis *L.* ; Digitalis purpurea *L.* ; *Veronica verna *L.* ; *Euphrasia officinalis *L.* et *nemorosa *Soy.-Will.* ; Rhinanthus angustifolius *Gmel.* ; *Pedicularis sylvatica *L.*

LABIÉES : *Galeopsis dubia *Leers* ; *Scutellaria minor *L.*

POLYGONÉES : *Rumex Acetosella *L.*; *Polygonum Bistorta *L.*

BÉTULINÉES ; *Betula pubescens *Ehrh.*

ABIÉTINÉES : Pinus sylvestris *L.*

LILIACÉES : *Gagea stenopetala *Rchb.*

ASPARAGINÉES : Polygonatum verticillatum *All.*

JONCÉES : *Juncus squarrosus *L.*, *Tenageia *Ehrh.* et *supinus *Mœnch.*

ORCHIDÉES : Listera cordata *R. Brown* ; *Spiranthes autumnalis *Rich.*

Cypéracées : *Cyperus flavescens *L.* ; *Scirpus cœspitosus *L.* ; *Rhynchospora alba *Vahl.* ; *Carex pulicaris *L.* et limosa *L.*

Graminées : *Panicum glabrum *Gaud.* ; Calamagrostis sylvatica *DC.* ; *Aira Caryophyllea *L.* et *præcox *L.* ; *Deschampsia flexuosa *Gris.* ; *Holcus mollis *L.* ; *Danthonia decumbens *DC.* ; *Vulpia Pseudo-myuros *Soy-Will.* et *sciuroïdes *Gmel.* ; *Festuca tenuifolia *Sibth.* et ovina *L.* ; *Nardurus Lachenalii *Fl. lorr.* ; *Nardus stricta *L.*

Fougères ; Botrychium rutaceum *Willd.* ; Osmunda regalis *L.* ; Polypodium Dryopteris *L.* ; Polystichum Oreopteris *DC.* ; Asplenium germanicum *Weiss.* et septentrionale *Sw.* ; Blechnum boreale *Sw.* ; *Pteris aquilina *L.*

Lycopodiacées : Lycopodium Selago *L.*, inundatum *L.* et clavatum *L.*

Mousses : Hylocomium loreum *Schimp.* ; Hypnum polymorphum *Hedw.*, aduncum *Hedw.*, cordifolium *Hedw.* et stramineum *Dicks.* ; Brachythecium plumosum *Schimp.*, et Starkii *Schimp.* ; Isothecium myosuroides *L.* ; *Plagiothecium silesiacum *Schimp.* ; Eurhynchium piliferum *Sch.* ; Plagiothecium undulatum *Schimp* ; Heterocladium dimorphum *Sch.* ; Pterigynandrum filiforme *Hedw.* ; Pterygophyllum lucens *Brid.* ; Andræa Rothii *W.* et *Mohr* ; Buxbaumia aphylla *Hall.* et indusiata *Brid.* ; Polytrichum juniperifolium *Hedw.* ; Bartramia pomiformis *Hedw.* ; Meesia longiseta

Hedw.; Bryum pallescens *Schwœgr.*, pseudotriquetrum *Schwœgr.;* Webera cruda *Schreb.* ; Hedwigia ciliata *Hedw.* ; Racomitrium acieulare *Hedw.*, protensum *A. Braun*, heterostichum *Hedw.* et lanuginosum *Hedw.;* Grimmia funalis *Schwœgr.*, trichophylla *Grev.*, ovata *W.* et *Mohr*, leucophæa *Grev.* et commutata *Hüb.* ; Ulota Hutchinsiæ *Hook.;* Trichostomum tortile *Schrad.;* Didymodon cylindricus *Wils.;* Blindia acuta *Dicks.;* Dicranum interruptum *B.* et *Sch.*, et polycarpum *Ehrh.;* Cinodontium Bruntoni *B.* et *Schimp,;* Weisia cirrhata *Hedw.*

HÉPATIQUES : Sarcocyphus Funckii *Nées* ; Scapania umbrosa *Nées* et *Mont.* ; Jungermannia albicans *L.*, obtusifolia *Hook.*, anomala *Hook*, Schraderi *Mart.*, tersa *Nées*, scutata *Web.*, acuta *Lind.*, socia *Nées*, incisa *Schrad.*, minuta *Crantz*, *barbata *Hook.*, curvifolia *Dicks.*, connivens *Dicks.*, setacea *Hook.* et trichophylla *L.* ; Sphagnæcetis communis *Nées* ; Liochlæna lanceolata *Nées* ; Mastigobryum deflexum *Nées* ; Aneura palmata *Hedw.*

LICHENS : Gonionema velutinum *Nyl.;* Sphœrophorum coralloïdes *Pers.;* Cladonia gracilis *Fries*, deformis *Hoffm.* et uncialis *Hoffm.* ; Peltigera aphthosa *Hoffm.* ; Parmelia saxatilis *Ach.* et pertusa *Schœr.* ; Umbilicaria pustulata *Hoffm.* et polyrhiza *Stenh.;* Lecidea lucida *Ach.*, petræa *Flot.*, fusco-atra *Ach.* et rivulosa *Ach.*

Telle est la statistique des plantes qui habitent à la fois toutes les formations siliceuses de la chaîne des Vosges et du grès bigarré qui en entoure la base.

Plantes communes aux terrains précédents et à l'alluvion siliceuse de la plaine de Lorraine. — Les débris de roches qui se sont détachés des sommets et des vallées des Vosges ont été entrainés par les anciens glaciers et par les eaux ; ils forment çà et là dans la plaine de Lorraine des dépôts diluviens ; ces dépôts sont donc formés de matériaux semblables à ceux qui constituent cette chaîne elle-même et bien que ces alluvions anciennes soient plus ou moins mêlées d'argile, elles offrent un sol analogue par sa nature minéralogique. Or, si l'élément minéralogique a réellement une influence sur la dispersion des végétaux, nous devons rencontrer sur ces alluvions anciennes un certain nombre d'espèces identiques à celles qui habitent les différents étages de la chaîne vosgienne. C'est, en effet, ce qui existe, malgré les différences d'altitude et le mélange que ces alluvions ont subis. En effet, sur 110 espèces phanérogames, qui se rencontrent à la fois sur les terrains primitifs, de transition et sur les grès vosgien et bigarré, nous en retrouverons 67, c'est-à-dire plus des trois cinquièmes, sur les alluvions vosgiennes de la plaine et nous les avons distinguées dans la liste précédente par une astérique.

Plantes communes au grès bigarré et aux alluvions siliceuses. — Il est des plantes qui se montrent à peine dans la chaîne des Vosges, mais qui sont abondamment répandues à sa base sur le grès bigarré et se rencontrent plus ou moins abondamment, non-seulement sur les alluvions d'origine vosgienne, mais encore sur les alluvions siliceuses qui dominent les coteaux de la Haie et de la Woëvre et ne se voient pas sur les terrains calcaires ou argilo-calcaires non recouverts par ces alluvions. Nous croyons utile de donner l'énumération de ces plantes :

CRUCIFÈRES : Arabis Thaliana *L.*

SILÉNÉES : Silene gallica *L.*

ALSINÉES : Sagina apetala *L.* ; Spergula arvensis *L.* et pentandra *L.*

LINÉES : Radiola linoïdes *Gmel.*

PAPILIONACÉES : Vicia lathyroïdes *L.*

PARONYCHIÉES : Herniaria hirsuta *L.*

SYNANTHÉRÉES : Filago arvensis *L.* et gallica *L.*

PRIMULACÉES : Centunculus minimus *L.*

BORAGINÉES : Myosotis hispida *Schlecht.* et stricta *Link.*

LABIÉES : Stachys arvensis *L.*

ORCHIDÉES : Orchis morio *L.*

GRAMINÉES : Alopecurus fulvus *Sm.* ; Setaria glauca *P. Beauv.*

MOUSSES : Amblystegium riparium *Schimp.* ; Brachythecium albicans *Schimp.* ; Diphyscium foliosum *W.* et *Mohr* ; Pogonatum nanum *Hedw.*, aloïdes *Brid.* et et urnigerum *Brid.* ; Webera annotina *Schwægr.* ; Bryum erythrocarpum *Schwægr.*; Leucobryum glaucum *Hamp.* ; Dicranella cerviculata *Schimp.* et heteromalla *Sch.*

HÉPATIQUES : Sarcoscyphus Ehrharti *Cord.* ; Alicularia

scalaris *Cord.* ; Scapania undulata *Nées* et *Mont.* ; Jungermannia excisa *Dicks.*, barbata *Hook.*, Starkii *Funk* et bicuspidata *L.* ; Fossombronia pusilla *Nées.*

Lichens : Bæomyces roseus *Pers.* : Cladonia degenerans *Flörck* ; Lecidea contigua *Fries*.

Plantes communes aux grès verts, au grès bigarré et aux alluvions siliceuses. — La liste précédente s'applique, ou à peu près, à la végétation des grès verts siliceux ; mais la Flore de ces derniers terrains s'est enrichie de quelques espèces de la chaine des Vosges, parmi lesquelles nous indiquerons les suivantes :

Balsaminées : Impatiens Noli-tangere *L.*

Circéacées : Circæa intermedia *Ehrh.*

Paronychiées : Scleranthus perennis *L.*

Saxifragées : Chrysosplenium alternifolium *L.* et oppositifolium *L.*

Caprifoliacées : Sambucus racemosa *L.*

Vacciniées : Vaccinium Myrtillus *L.*

Primulacées : Lysimachia nemorum *L.*

Aquifoliacées : Ilex Aquifolium *L.*

Scrophularinées : Digitalis purpurea *L.*

Cypéracées : Carex maxima *Scop.*

Graminées : Holcus mollis *L.*

Fougères : Osmunda regalis *L.*

Cependant les deux stations où ces plantes existent simultanément sont séparées par toute l'étendue de la plaine lorraine et par les différentes lignes de coteaux qui constituent la chaine jurassique, mais la silice domine sur l'un et l'autre sol, aux deux extrémités de notre territoire.

Plantes communes au grès bigarré, aux alluvions siliceuses et à l'argile à chailles. — L'argile à chailles occupe une assez grande étendue de la surface du sol dans la plaine de la Woëvre. Cette argile est essentiellement siliceuse, mais nous présente des propriétés physiques bien différentes de celles des terrains de grès bigarré et des alluvions siliceuses. Cependant elle nous offre en grande partie les mêmes végétaux phanérogames que les deux terrains auxquels nous l'associons ici. La végétation cryptogamique des argiles oxfordiennes a été trop peu étudiée pour qu'elle puisse être l'objet d'un semblable rapprochement. Néanmoins, nous savons déjà que le Pteris aquilina L. que M. Ch. Desmoulins considère, avec beaucoup de raison, comme éminemment silicicole, croît sur l'argile à chailles dans le Jura et dans l'Hérault où nous l'avons nous-même constaté. M. Husson, botaniste et géologue distingué, a eu l'obligeance de faire, à notre prière, cette vérification sur les argiles à chailles de la Lorraine et il a rencontré cette Fougère en abondance.

Après avoir établi la statistique végétale des terrains siliceux, nous devons nous occuper de celle des terrains calcaires.

Plantes communes au calcaire jurassique et à l'alluvion jurassique, nulles dans le muschelkalk. — La végétation est exactement la même sur les deux premiers de ces terrains qui sont de même origine, si l'on en excepte toutefois quelques cryptogames, qui ne se montrent que sur les roches en place. Nous avons déjà donné la liste des espèces phanérogames qui croissent sur les parties calcaires de la formation jurassique et nous y renvoyons. Mais nous pouvons la compléter par celles des espèces cryptogames, dont nous avons suffisamment étudié les stations, du moins dans les arrondissements de Nancy, de Toul, de Thionville et de Briey, pour donner, à cet égard, quelques indications précises.

Phanérogames : La liste a été donnée pages 116 et 117.

Fougères : Polypodium Robertianum *Hoffm.*

Mousses : Amblystegium confervoïdes *Schimp.* ; Bryum marginatum *B.* et *Sch.* ; Grimmia crinita *Brid.* et orbicularis *B.* et *Schimp.* ; Barbula tortuosa *W.* et *Mohr* ; Trichostomum flexicaule *Schwœgr.* ; Seligeria pusilla *Hedw.*

Hépatiques : Il n'existe sur le calcaire jurassique et et sur son alluvion, en Lorraine, aucune Hépatique qui ne se retrouve sur les terrains siliceux.

Lichens : Collema melænum *Ach.*, turgidum *Ach.*, pulposum *Ach.* et cheileum *Ach.* ; Cladonia alcicornis *Flœrck* ; Salorina saccata *Ach.* ; Squamaria lentigera *DC.* ; Tacodium circinatum *Nyl.* ; Lecidea exanthematica *Nyl.*, cupularis *Ach.*, testacea *Ach.*, decipiens *Ach.*, vesicularis *Ach.*, calcivora *Nyl.* et albo-atra *Schœr.* ; Opegrapha saxatilis *DC.* ; Endocarpon rufescens *Ach.* et hepaticum *Ach.* ; Verrucaria cinerea *Schœr.*, nigrescens *Pers.*, fuscella *Ach.* et rupestris *Schrad.*

Plantes communes au calcaire jurassique, à son alluvion et au muschelkalk. — Celles-ci semblent plus essentiellement calcicoles, ce sont :

Renonculacées : Clematis Vitalba *L.*; Anemone sylvestris *L.* et ranunculoïdes *L.* ; Helleborus fœtidus *L.*

Crucifères : Arabis sagittata *DC.* ; Iberis amara *L.* ; Lepidium campestre *R. Br.*

Violariées : Viola hirta *L.*

Résédacées : Reseda lutea *L.*

Polygalées ; Polygala calcarea *Schultz.*

Alsinées : Cerastium brachypetalum *Desp.*

Linées : Linum tenuifolium *L.*

Malvacées : Malva Alcea *L.* ; Althæa hirsuta *L.*

Géraniées : Geranium pratense *L.*

Papilionacées : Ononis procurrens *Wallr.* ; Astragalus glycyphyllos *L.* ; Lathyrus sylvestris *L.* ; Hippocrepis comosa *L.*

Rosacées : Fragaria magna *Thuill.*

Crassulacées : Sedum boloniense *Lois.*

Ombellifères : Seseli montanum *L.*

Synanhérées : Inula salicina *L.* ; Cirsium eriophorum *Scop.* ; Barkhausia fœtida *DC.*

Campanulacées : Campanula glomerata *L.*

Gentianées ; Gentiana ciliata *L.* et cruciata *L.*

Solanées : Physalis Alkekengi *L.*

Labiées : Lamium hybridum *Vill.* ; Stachys germanica *L.* et alpina *L.* ; Ajuga Chamæpitys *Schreb.*

Dapnoïdées : Stellera Passerina *L.*

Orchidées : Orchis ustulata *L.*, fusca *Jacq.*, cinerea *Schrank* et conopsea *L.* ; Cephalanthera pallens *Rich.*

Graminées : Phleum Bœhmeri *Wib.*

Mousses : Barbula fallax *Hedw.* ; Anacalypta streptocarpa *Hedw.*

Hépatiques : Riccia crystallina *L.*

Lichens : Peltigera venosa *Hoffm.* : Placodium murorum *DC.* ; Urceolaria calcarea *Schær.*

Plantes communes au calcaire jurassique, à son alluvion et aux terrains argilo-calcaires du lias et des marnes irisées, nulles dans les terrains siliceux. — Si un certain nombre de plantes vosgiennes semblent s'être répandues sur l'alluvion siliceuse de la plaine de Lorraine, il est aussi des plantes de nos coteaux jurassiques, qui paraissent s'être propagées sur les parties argilo-calcaires de cette même plaine. Nous pouvons citer les suivantes :

Renonculacées : Adonis æstivalis *L.* et flammea *Jacq.*

Résédacées : Reseda lutea *L.*

Silénées : Silene noctiflora *L.*

Papilionacées : Trifolium elegans *Sav.* ; Lotus tenuis *Kit.* ; Cracca tenuifolia *Fl. lorr.* ; Ervum gracile *DC.*

Rosacées : Potentilla reptans *L.* et anserina *L.*

Onagrariées : Epilobium hirsutum *L.*

Ombellifères : Orlaya grandiflora *Hoffm.* ; Turgenia latifolia *Hoffm.* ; Caucalis daucoïdes *L* ; Torilis helvetica *Gmel.* ; Bunium Bulbocastanum *L.* ; Falcaria Rivini

Host ; Conium maculatum *L.* ; Eryngium campestre *L.*

CAPRIFOLIACÉES : Sambucus Ebulus *L.*

RUBIACÉES : Galium tricorne *With.*

DIPSACÉES : Dipsacus pilosus *L.*

SYNANTHÉRÉES : Tussilago Farfara *L.*; Onopordon Acanthium *L.* ; Centaurea microptilon *Fl. lorr.* et Calcitrapa *L.* ; Lappa tomentosa *Lam.* et major *Gœrtn.* ; Cichorium Intybus *L.*; Lactuca perennis *L.* ; Barkhausia taraxacifolia *Thuill.* ; Crepis pulchra *L.* ; Hieracium argillaceum *Jord.*

CAMPANULACÉES : Campanula Rapunculus *L.*

BORAGINÉES : Lithospermum officinale *L.* et purpureocæruleum *L*; Pulmonaria officinalis *L.*

SCROPHULARINÉES : Scrophularia aquatica *L.* ; Linaria Elatine *L.*

LABIÉES : Mentha rotundifolia *L.*; Stachys annua *L.* ; Teucrium Botrys *L.*

AMARANTACÉES : Polycnemum arvense *L.*

ARISTOLOCHIÉES : Aristolochia Clematitis *L.*

LILIACÉES : Ornithogalum sulphureum *Rœm.* et *Sch.* ; Gagea arvensis *Schult.*

CYPÉRACÉES : Carex tomentosa *L.*

GRAMINÉES : Alopecurus utriculatus *Pers.* ; Hordeum murinum *L.*

EQUISÉTACÉES : Equisetum Telmateja *Ehrh.*

MOUSSES : Barbula gracilis *Schwægr.*

LICHENS : Cladonia rangiformis *Schœr.*

Plantes des terrains calcaires se retrouvant sur le nouveau grès rouge et sur certaines parties du terrain de transition. — On est très-étonné, quand on parcourt les vallées de la chaine centrale des Vosges, de rencontrer sur certains points des plantes, qu'on ne voit habituellement que sur les sols calcaires ou argilo-calcaires. Il était intéressant de rechercher les causes de cette anomalie apparente ; aussi a-t-elle fixé l'attention de mon regrettable ami, le docteur Mougeot de Bruyères et ses observations (1) l'ont conduit à reconnaitre ce fait curieux et qui vient pleinement confirmer la valeur des considérations précédentes, c'est que là, où se rencontrent ces plantes des terrains calcaires, on constate en explorant le sol, que leurs racines sont implantées sur la chaux magnésifère du nouveau grès rouge ou sur celle du terrain de transition. Ces plantes sont, du reste, les suivantes :

RENONCULACÉES : Clematis Vitalba *L.* ; Anemone Hepatica *L.* Helleborus fœtidus *L.*

CRUCIFÈRES : Arabis brassicæformis *Wallr.* et sagittata *DC.* ; Dentaria pinnata *Lam.* ; Sisymbrium Alliaria *Scop.*

PAPILIONACÉES : Genista pilosa *L.* ; Astragalus glycyphyllos *L.* ; Vicia pisiformis *L.* ; Hippocrepis comosa *L.*

AMYGDALÉES : Prunus Mahaleb *L.*

---

(1) Mougeot, *Considérations générales sur la végétation spontanée du département des Vosges;* Epinal, in-8°, 1846, p. 26.

Rosacées : Spiræa Filipendula *L.*; Rubus tomentosus *Borckh.*

Ombellifères : Peucedanum Cervaria *Hoffm.*; Bupleurum falcatum *L.*

Dipsacées : Dipsacus pilosus *L.*

Synanthérées : Tussilago Farfara *L.*; Leucanthemum corymbosum *Fl. lorr.*

Asclépiadées : Vincetoxicum officinale *Mœnch.*

Verbascées : Verbascum Lychnitis *L.*

Scrophularinées : Digitalis lutea *L.*; Linaria striata *DC.*

Euphorbiacées : Euphorbia verrucosa *Lam.* et amygdaloïdes *L.*

Labiées : Brunella alba *Pall.* Melittis Melissophyllum *L.*; Teucrium Chamædrys *L.*

Graminées : Melica nutans *L.*

Il est à noter que la plupart de ces plantes ne se voient pas sur le revers lorrain des Vosges; mais aussi la grauwacke y fait défaut, et le nouveau grès rouge n'y a qu'une faible puissance.

II. Plantes aquatiques.

Les plantes aquatiques, qu'elles soient entièrement submergées, flottantes à la surface, ou qu'elles vivent constamment le pied dans l'eau, paraissent être à peu près indifférentes à la nature du sol et elles ont, en général, une aire d'extension bien plus considérable que les plantes terrestres. Mais il n'en est pas tout à fait ainsi de la nature des eaux elles-mêmes et des matières minérales qu'elles tiennent en dissolution. Suivant qu'elles sont presque pures, comme celles qui sortent des terrains primitifs, qu'elles prennent leur origine dans des terrains calcaires, séléniteux ou magnésiens, enfin qu'elles traversent les terrains salifères ou qu'elles appartiennent au bassin des mers, elles nourrissent souvent des végétaux qui sont propres à chacune d'elles, comme le démontrent les listes que nous allons produire.

Plantes des eaux presque pures. — Les eaux qui descendent du massif central de la chaîne des Vosges sont froides, limpides et ne peuvent dissoudre qu'une bien faible proportion des matières minérales avec lesquelles elles se trouvent en contact. Braconnot (1), qui a analysé avec soin l'eau du lac de Gérardmer, y a trouvé des traces presque imperceptibles de silicate alcalin uni à une matière organique. Aussi, ajoute-t-il, « elle peut être comparée à l'eau distillée pour sa pureté. » Les plantes spéciales qui végètent dans les eaux des terrains primitifs, du moins en Lorraine, sont les suivantes :

Nymphéacées : Nuphar pumila *Sm.*
Hypéricinées : Elodes palustris *Spach.*
Myriophylléacées : Myriophyllum alterniflorum *DC.*
Portulacées : Montia rivularis *Gmel.*
Ombellifères : Cicuta virosa *L.*

---

(1) Braconnot, dans les *Mémoires de la société des sciences, lettres et arts de Nancy*, pour 1849, p. 344.

Lentibulariées : Pinguicula vulgaris *L.* ; Utricularia minor *L.* et intermedia *Hayn.*

Aroïdées : Calla palustris *L.*

Typhacées : Sparganium natans *L.*

Rhizocarpées : Isoetes lacustris *L.*

Mousses : Limnobium molle *Schimp.* ; Brachythecium rivulare *B.* et *Schimp.* ; Cinclidotus fontinaloïdes *P. Beauv.*

Lichens : Verrucaria hydrela *Ach.* et mucosa *Ach.*

Characées : Nitella gracilis *Ag.* et flexilis *Sm.*

Plantes des eaux calcaires, séléniteuses ou magnésiennes. — Ces eaux sont assez abondamment chargées de substances salines ; elles déposent même souvent, dans la formation jurassique, du tuf calcaire. Les plantes qu'elles nourrissent, peuvent être considérées, comme correspondant aux végétaux terrestres des terrains calcaires et argilo-calcaires. Ces plantes sont les suivantes :

Renonculacées : Ranunculus trichophyllus *Chaix*, divaricatus *Schrank* et Lingua *L.*

Nymphéacées : Nuphar lutea *Sibth.*

Crucifères : Nasturtium officinale *R. Br.* ; Roripa amphibia *Bess.*

Elatinées : Elatine hexandra *DC.* et Alsinastrum *L.*

Onagrariées : Isnardia palustris *L.*

Trapéacées : Trapa natans *L.*

Myriophylléacées : Myriophyllum verticillatum *L.* et spicatum *L.*

Ombellifères : OEnanthe fistulosa *L.* et Phellandrium

Lam. ; Sium latifolium *L.* (1) ; Berula angustifolia *Koch* ; Helosciadium nodiflorum *Koch* et repens *Koch.*

LENTIBULARIÉES : Utricularia vulgaris *L.*

PRIMULACÉES : Hottonia palustris *L.*

GENTIANÉES : Villarsia nymphoïdes *Vent.*

SCROPHULARINÉES : Limosella aquatica *L.* ; Lindernia pyxidaria *All.*

PLANTAGINÉES : Littorella lacustris *L.*

HIPPURIDÉES : Hippuris vulgaris *L.*

CALLITRICHINÉES : Callitriche stagnalis *Scop.*, platicarpa *Kutz.*, verna *Kutz.* et hamulata *Kutz.*

CÉRATOPHYLLÉES : Ceratophyllum demersum *L.* et platyacanthum *Cham.*

ALISMACÉES : Alisma Plantago *L.*, ranunculoïdes *L.* et natans *L.* ; Sagittaria sagittæfolia *L.*

BUTOMÉES : Butomus umbellatus *L.*

HYDROCHARIDÉES : Hydrocharis Morsus-ranæ *L.*

POTAMÉES : Potamogeton natans *L.*, fluitans *Roth.*, lucens *L.*, rufescens *Schrad.*, heterophyllus *Schreb.*, perfoliatus *L.*, crispus *L.*, densus *M.* et *Koch*, acutifolius *Link*, compressus *L.*, pusillus *L.*, et pectinatus *L.* ; Zanichellia brachystemon *Gay.*

NAYADÉES : Naias major *Roth.*

(1) Je cultive cette plante, depuis plusieurs années, dans le bassin du jardin des plantes de Nancy, et j'ai pu constater un caractère qui lui appartient et qui n'a été indiqué par aucun auteur, c'est que les feuilles inférieures submergées sont grandes, ovales-oblongues, surdécomposées en lanières fines et linéaires.

Lemnacées : Lemna minor *L.*, trisulca *L.*, gibba *L.* et polyrhiza *L.*

Orontiacées : Acorus Calamus *L.*

Typhacées : Typha latifolia *L.*, glauca *Fl. lorr.* et angustifolia *L.* ; Sparganium ramosum *Huds.*, simplex *Huds.* et minimum *Fries.*

Cypéracées : Scirpus lacustris *L.*, radicans *Schkuhr* et fluitans *L.* ; Eleocharis palustris *R. Br.*, uniglumis *Koch*, multicaulis *Koch* et ovata *R. Br.*

Graminées : Phragmites communis *Trin.* ; Catabrosa aquatica *P. Beauv.* ; Glyceria fluitans *R. Br.*, plicata *Fries* et spectabilis *M.* et *Koch.*

Rhizocarpées : Pilularia globulifera *L.*

Equisétacées : Equisetum limosum *L.*

Mousses : Hypnum fluitans *L.* ; Limnobium palustre *Schimp.* ; Amblystegium fluviatile *Sw.* ; Rhyncostegium rusciforme *Schimp.* ; Fontinalis antipyretica *L.* ; Cinclidotus aquaticus *B.* et *Sch.*

Hépatiques : Riccia natans *L.* et fluitans *L.*

Characées : Chara hispida *L.*, fœtida *Al. Br.* et fragilis *Desv.*

Plantes spéciales aux tourbières des Vosges. — La nature du sol, sur lequel reposent les tourbières ne parait pas avoir d'influence prépondérante sur leur formation. Il existe, en effet, d'immenses dépôts de tourbe sur le sol granitique des Vosges et sur les assises calcaires des montagnes du Jura et, chose remarquable, la végétation des tourbières est identique, ou à peu près, dans ces deux chaînes. Mais l'eau des tourbières en voie de formation est constamment acide et ce caractère est dû, suivant plusieurs géologues, à la présence dans ces eaux de l'acide ulmique. Quelle que soit la cause qui donne naissance aux tourbières, il est certain qu'elles se couvrent d'une végétation qui leur est propre. Nous avons dû dès lors, donner la liste des plantes qui, dans notre chaîne vosgienne, sont spéciales à cette formation moderne.

Droséracées : Drosera rotundifolia *L.*, obovata *M.* et *Koch*, anglica *Huds.* et intermedia *Hayn.*

Empétrées : Empetrum nigrum *L.*

Rosacées : Comarum palustre *L.*

Vacciniées : Vaccinium uliginosum *L.* ; Oxycoccus palustris *Pers.*

Ericinées : Andromeda polifolia *L.*

Gentianées : Menyanthes trifoliata *L.*

Juncaginées : Scheuchzeria palustris *L.*

Orchidées : Malaxis paludosa *Sw.*

Potamées : Potamogeton polygonifolius *Pourr.*

Cypéracées : Eriophorum latifolium *Hopp.*, angustifolium *Roth*, gracile *Koch* et vaginatum *L.* ; Scirpus cœspitosus *L.* ; Carex pauciflora *Lightf.*, teretiuscula *Good.*, canescens *L.*, limosa *L.* et filiformis *L.*

Mousses : Hypnum cuspidatum *L.*, stramineum *Dicks.* et cordifolium *Hedw.* ; Fontinalis squamosa *Dill.* ; Meesia longiseta *Hedw.* ; Bryum pseudotriquetrum *Schwægr.* et bimum *Schreb.* ; Splachnum ampullaceum *L.* et sphæricum *Hedw.* ; Brachyodus trichodes *W.* et *Mohr.* ; Campylopus torfaceus *Br.* et *Sch.* ; Sphagnum compactum *Brid.*, contortum *Schultz*, subsecundum *Nées*, molluscum *Bruch*, capillifolium *Hedw.* et cuspidatum *Ehrh.*

HÉPATIQUES : Jungermannia anomala *Hook.*, inflata *Huds.* et setacea *Hook.* ; Chiloscyphus lophocoloïdes *Nées.*

Plantes spéciales aux eaux saumâtres. — On ne rencontre ces plantes que dans nos marais salants. Ce sont les suivantes :

RENONCULACÉES : Ranunculus Baudotii *Godr.*

POTAMÉES : Potamogeton trichoïdes *Cham.* ; Ruppia rostellata *Koch.*

ALGUES : Enteromorpha intestinalis *Ag.*

III. PLANTES PARASITES.

Il faut distinguer les vraies et les fausses parasites, qui ne se comportent pas précisément de la même façon, non-seulement au point de vue physiologique, mais encore à celui de la géographie botanique.

Fausses parasites. — Elles vivent à la surface des parties aériennes des végétaux ; mais elles n'implantent ni racines, ni suçoirs dans l'écorce des plantes qui les supportent et s'y trouvent fixées à peu près comme sur un corps brut. Elles paraissent vivre bien moins aux dépens de leur support naturel, qu'au moyen des éléments puisés dans l'atmosphère. Tels sont, par exemple, un certain nombre de Lichens, d'Hépatiques et de Mousses, qu'on observe sur les troncs d'arbres et sur les branches des arbustes. Souvent les espèces de ces trois familles paraissent être si indifférentes à la nature du point d'appui sur lequel elles adhèrent, qu'un certain nombre d'entre elles croissent à la fois sur les rochers, sur la terre, sur les herbes vivantes ou mortes, sur les troncs d'arbres et même sur le bois équarri (1).

Parmi ces plantes cryptogames qui vivent ainsi sur des supports très-différents, nous pouvons indiquer les suivantes :

Mousses : Hylocomium loreum *L.* ; Hypnum molluscum *Hedw.*, cupressiforme *L.* et incurvatum *Schrad.* ; Amblystegium serpens *Dill.* ; Brachythecium populeum *Schimp.* et velutinum *Sch.* ; Anomodon attenuatus *Hedw.* et viticulosus *Schimp.* ; Antitrichia curtipendula *Brid.* ; Isothecium myurum *Brid.* et myosuroïdes *Brid.* ; Homalothecium sericeum *Schimp.* ; Omalia trichomanoïdes *Br.* et *Schimp.* ; Neckera crispa *Hedw.* ; Barbula ruralis *Hedw.* ; Campylopus flexuosus *Brid.* ; Dicranum scoparium *L.*

Hépatiques : Scapania uliginosa *Nées* ; Jungermania porphyroleuca *Nées* et trichophylla *L.* ; Lepidozia reptans *Nées* ; Ptilidium ciliare *Nées* ; Madotheca lævigata

---

(1) Fries, chose plus étonnante encore, indique des Lichens croissant sur les vitres d'une vieille église (*Lichenographia europœa reformata* ; Lundœ, 1831, in-8°, p. XXXIV, en note).

Dum. et porella *Nées;* Frullania dilatata *Nées* et Tamarisci *Nées.*

Lichens : Collema flaccidum *Ach.;* Bæomyces icmadophylus *Nyl.;* Cladonia digitata *Hoffm.;* Peltigera polydactyla *Hoffm.* et horizontalis *Hoffm.;* Sticta scrobiculata *Ach.,* sylvatica *Ach.* et fuliginosa *Ach.;* Parmelia caperata *Ach.,* perlata *Ach.,* saxatilis *Ach.,* physodes *Ach.,* conspersa *Ach.* et pertusa *Schœr.;* Physcia parietina *Nyl.;* Pannaria plumbea *Del.;* Lecanora vitellina *Ach.,* parella *Ach.* et atra *Ach.;* Urceolaria scruposa *Ach.;* Lecidea vernalis *Ach.,* canescens *Ach.* et sanguinaria *Ach.*

Il est un certain nombre de ces Cryptogames parasites, qui semblent préférer, pour appui, certaines espèces arborescentes, puisqu'elles s'y trouvent le plus souvent, mais il est rare qu'elles y vivent exclusivement. Je dois dire, toutefois, que je n'ai jamais vu le Lecanora rubra *Ach.* que sur le Chêne, le Lecidea rosella *Ach.* que sur le Hêtre, le Thelotrema lepadinum *Ach.* que sur le Sapin, le Pertusaria Wulfenii *DC.* que sur le Charme. Si de nouvelles observations établissent définitivement que ces faits ne sont pas constants, il n'en serait pas moins vrai, que ces exceptions sont très-rares.

Il est des Lichens, qui ne se fixent jamais que sur des écorces lisses, tels que les Verrucaria glabrata *Ach.* et nitida *Schrad.,* le Lecidea parasema *Ach.,* le Pertusaria Wulfenii *DC.,* etc. D'autres font élection de domicile sur des écorces crevassées et rugueuses, tels que les Verrucaria gemmata *Ach.* et Calicium quercinum *Pers.*, etc. On connait aussi des Lichens, qui habitent indifféremment les écorces lisses et les écorces profondément sillonnées ; mais alors cette différence dans la surface du support, modifie assez souvent l'hôte étranger qu'elle supporte et détermine des variétés. Cette circonstance n'est donc pas sans exercer une influence biologique sur le Lichen faux-parasite.

Mais un fait plus difficile à expliquer, s'il ne tient pas à des influences climatériques locales et qui résulte de nos observations faites en Lorraine, c'est que certains Lichens ne se montrent les uns que sur les arbres, qui vivent dans les terrains calcaires, les autres que sur les végétaux ligneux, qui habitent un sol siliceux, nous pouvons citer comme exemples du premier cas les Collema furvum *Ach.*, mycrophyllum *Ach.* et conglomeratum *Hoffm.*, les Pannaria triptophylla *Nyl.* et Saubinetii *Mont.*, les Pertusaria Wulfenii *DC.*, les Phlyctis agælea *Wallr.* et argena *Wallr.*, les Verrucaria gemmata *Ach.* et glabrata *Ach.*, etc. ; et, comme exemples du second les Collema nigrescens *Ach.*, Sticta fuliginosa *Ach.* Physcia cæsia *Fries*, Pannaria plumbea *Del.*, Thelotrema lepadinum *Ach.*, Lecidea hæmatomma *Ach.*, etc.

Vraies parasites. — Les vraies parasites vivent aussi sur d'autres végétaux ; mais, au lieu de s'attacher simplement à leur surface, elles pénétrent par un disque ou par des suçoirs à travers leur écorce et puisent dans leurs sucs des matériaux de nutrition. Nous en possédons, en Lorraine, un assez grand nombre d'espèces ; ce sont les suivantes :

Droséracées : Drosera rotundifolia *L.*, intermedia *Hayn.*, anglica *Huds.* et obovata *M.* et *Koch.*

Monotropées : Monotropa Hypopithys *L.*

Loranthacées : Viscum album *L.*

Convolvulacées : Cuscuta europæa *L.* ; epithymum *L.* ; Trifolii *Bab.*, densiflora *Soy-Will.* et suaveolens *Ser.*

Scrophularinées : Euphrasia officinalis *L.* et nemorosa *Soy.-Will.*, Odontites *L.*, serotina *Lam.* et lutea *L.* ; Bartsia alpina *L.* ; Rhinanthus minor *Ehrh.*, angustifolius *Gmel.* et major *Ehrh.* ; Pedicularis palustris *L.*, sylvatica *L.* et foliosa *L.* ; Melampyrum cristatum *L.*, arvense *L.*, pratense *L.* et sylvaticum *L.*

Orobanchées : Orobanche Rapum *Thuill.*, major *L.*, Galii *Dub.*, Teucrii *Schultz*, Medicaginis *Schultz*, Cervariæ *Suard*, Picridis *Schultz*, et epithymum *DC.* ; Phelipæa cærulea *Mey.* et ramosa *Mey.* ; Lathræa squamaria *L.*

Santalacées : Thesium alpinum *L.*, pratense *Ehrh.*, montanum *Ehrh.* et humifusum *DC.*

Orchidées : Neottia Nidus-avis *Rich.* ; Limodorum abortivum *Sw.*

I. Parmi ces plantes, les unes, telles que le Gui et les Cuscutes, s'attachent à la tige des autres végétaux et ces parasites se montrent, à peu près, dans toute l'étendue de la Lorraine.

Le Gui, bien qu'il se fixe de préférence sur les Pomacées, se rencontre aussi sur les Peupliers, les Tilleuls, les Pruniers, les Hêtres de nos forêts et sur le Chêne où je l'ai observé une seule fois.

Quant aux Cuscutes, elles végètent tout d'abord dans le sol où leur graine a germé, jusqu'à ce que le développement de la tige permette à ses suçoirs de se cramponner aux autres végétaux ; leur racine, se détruisant bientôt, elles cessent de rien tirer du sol et vivent exclusivement aux dépens de leurs victimes. Trois de nos espèces, les Cuscuta Trifolii *Bab.*, densiflora *Soy.-Will.* et suaveolens *Ser.* semblent exclusives, l'une au Trèfle cultivé, l'autre au Lin et la dernière à la Luzerne cultivée. Mais si l'on considère que ces trois espèces de Cuscutes ne sont pas indigènes, mais introduites dans nos cultures, on n'a pas lieu de s'étonner qu'on ne les rencontre que sur les plantes, avec lesquelles elles sont constamment semées. Nos deux autres espèces, les Cuscuta europæa *L.* et epithymum *L.*, sont, au contraire, aussi indifférentes au sol qu'aux plantes nourricières, sur lesquelles elles végètent. Ainsi le Cuscuta europæa *L.*, fréquent sur le Houblon, se rencontre aussi sur l'Ortie dioïque, sur le Chanvre, sur le Genet-à-balais et même sur le Vicia sativa *L.* ; le Cuscuta epithymum *L.*, très-souvent parasite sur les Thymus Serpillum *L.* et Chamædrys *Fries*, se voit aussi sur le Teucrium Scorodonia *L.*, l'Origanum vulgare *L.*, le Genista sagittalis *L.*, l'Achillea Millefolium *L.*, les Galium, l'Euphorbia Cyparissias

L., l'Helianthemum vulgare *L.*, et même sur les Medicago sativa *L.* et Trifolium pratense *L.* Il se comporte tout autrement, relativement à cette dernière plante, que le Cuscuta Trifolii *Bab.*, espèce bien distincte par son mode de végétation, qui en fait un véritable fléau pour nos prairies artificielles.

II. Chez les autres végétaux, que nous avons indiqués, le parasitisme s'opère de racine à racine, et c'est tantôt par un point, tantôt par plusieurs que l'adhérence a lieu. Mais en dehors des soudures par lesquelles le parasite est enté sur les racines de la plante étrangère, il possède souvent des racines libres, qui le fixent aussi au sol, à la manière des végétaux ordinaires. On se demande, dès lors, si c'est l'influence du terrain ou celle de la plante nourricière qui domine, ou même si ces deux éléments d'action ne concourent pas l'un et l'autre à déterminer la station du végétal parasite ?

Il est des Orobanches qu'on n'observe, les unes que sur le sol siliceux, les autres que sur le sol calcaire et qui, malgré le parasitisme, paraissent ainsi placées sous l'influence directe du sol. Ainsi on ne recueille jamais l'Orobanche Rapum *Thuill.*, que sur les terrains feldspatiques et de transition de la chaîne des Vosges, sur les grès vosgien et bigarré, sur les chailles de l'oxfordien et sur les alluvions siliceuses. Il est facile de se rendre compte de cette station exclusive : cette espèce d'Orobanche n'a pas, comme la plupart de ses congénères, de véritables racines et n'est fixée que par la base de son bulbe implantée dans la racine du Sarothamnus scoparius *Fl. de Fr.* et semble ainsi ne rien emprunter au sol. D'une autre part, elle est, parmi les plantes de la même famille, un des rares exemples d'une sélection spéciale pour sa plante nourricière (1). L'Orobanche Rapum *Thuill.* paraît donc être une plante parasite exclusive au genre Sarothamnus ; mais, si elle semble l'être également relativement à la nature du terrain, cela tient sans doute à ce que cette nourrice est essentiellement silicicole.

Mais nous pensons que les Orobanches, munies de véritables racines, sont loin de se montrer indifférentes à l'influence du sol. Ainsi, plusieurs de nos espèces ne se trouvent que sur nos terrains calcaires et plus particulièrement encore sur le calcaire jurassique, où elles abondent, bien que les plantes-mères sur lesquelles elles vivent habituellement soient répandues sur d'autres terrains. Je puis citer les Orobanche Galii *Dub.*, Teucrii *Schultz*, major *L.* et Medicaginis *Schultz*. Ce fait est d'autant plus probant, que si l'on en excepte l'Orobanche major *L.* que je n'ai jamais recueilli que sur le Centaurea Scabiosa *L.*, elles se fixent sur des espèces assez variées. Ainsi l'Orobanche Galii *Dub.* se montre,

---

(1) L'*Orobanche Rapum Thuill.* n'avait jusqu'ici été signalé que sur le Genêt à balais ; je l'ai toutefois recueilli, en 1850, au Canigou, mais sur un végétal très-voisin, le *Genista purgans L.*, qui, par l'organisation de sa fleur, est pour moi un véritable *Sarothamnus*, comme je l'ai exposé dans la *Flore de France*.

non-seulement sur le Gallium mollugo *L.*, mais encore sur les Galium verum *L.*, sylvaticum *L.* et Bocconi *L.*, et je l'ai recueilli, en outre, sur le Medicago sativa *L.* et sur l'Achillea Millefolium *L.* L'Orobanche Teucrii *Schultz* est parasite sur le Teucrium Chamædrys *Fries*, mais aussi sur le Teucrium montanum *L.* et sur le Thymus Serpillum *L.* et cette dernière espèce est répandue sur tous les points de la Lorraine. L'Orobanche Medicaginis *Schultz* vit, non pas seulement sur les Medicago sativa *L.* et falcata *L.*, mais encore sur le Galium mollugo *L.*

D'autres espèces, enfin, se montrent aussi indifférentes au sol qu'à leurs espèces nourricières. Le Phelipæa ramosa *Mey.*, par exemple, est abondant chez nous sur le Chanvre et sur le Tabac, et se voit aussi sur le Houblon, sur le Maïs, etc.

Notre Lathræa squamaria *L.* est propre aux terrains calcaires et cependant le Lierre et le Chêne, sur les racines desquels il se greffe, existent sur toutes les formations géologiques.

Le Limodorum abortivum *Sw.*, l'Euphrasia lutea *L.*, le Melampyrum cristatum *L.*, le Thesium humifusum *DC.* sont propres aux terrains calcaires ; les Drosera, les Euphrasia officinalis *L.* et nemorosa *Pers.*, les Pedicularis palustris *L.*, sylvatica *L.* et foliosa *L.*, vivent sur les sols siliceux. Enfin, le Monotropa Hypopithys *L.*, le Melampyrum pratense *L.*, les Thesium pratense *Ehrh.* et alpinum *L.*, le Neottia Nidus-avis *Rich.* doivent être classés parmi les plantes indifférentes.

Nous constatons donc ici, que les végétaux parasites pourvus de racines libres se comportent, en ce qui concerne l'influence du sol, comme les plantes ordinaires.

Des plantes exclusivement calcicoles ou silicicoles.

Après avoir établi la statistique végétale de la Lorraine, dans ses rapports avec le sol, il nous semble indispensable de prévenir, qu'en divisant nos plantes en calcicoles, silicicoles et indifférentes, nous ne prétendons pas que nos listes, exactes, nous le pensons du moins, pour la circonscription territoriale dont nous nous occupons, ne présentent pas d'exceptions, si, dans ce genre de recherches, on embrasse l'aire complète de chaque espèce et que le catalogue des plantes indifférentes ne doive pas s'augmenter de quelques-unes de celles que nous avons signalées comme particulières, du moins en Lorraine, aux terrains calcaires ou aux sols siliceux. Nous en connaissons nous-mêmes des exemples.

Mais, ce qu'il importe de démontrer, c'est qu'il existe en réalité des plantes qui ne peuvent prospérer et se propager indéfiniment, les unes que sur la silice, les autres que sur la chaux. Ici, nous nous trouvons dans l'obligation, tout en choisissant nos exemples parmi les plantes de la Lorraine, de sortir de notre circonscription et de poursuivre, pour ainsi dire, en dehors de nos limites, chaque espèce sur les principaux points de son aire d'extension. Nos observations personnelles seraient insuffisantes, bien que nous ayons étudié cette question dans différentes parties de la France, de la Suisse et de l'Allemagne ; mais nous avons dû les compléter, en consultant les auteurs qui ont étudié la végétation dans ses rapports avec le sol. Là, où tous les documents recueillis concordent avec une unité remarquable, nous avons cru pouvoir les considérer comme exprimant la vérité sur cette question importante de géographie botanique. C'est en nous fondant sur ces données, que nous établissons, pour la végétation de la Lorraine, la liste des plantes exclusivement calcicoles et celle des plantes absolument silicicoles.

Plantes calcicoles. — Nous croyons pouvoir considérer comme telles les espèces suivantes :

RENONCULACÉES : Clematis Vitalba *L.*; Anemone sylvestris *L.* et Hepatica *L.*; Helleborus fœtidus *L.*; Nigella arvensis *L.*; Aquilegia vulgaris *L.*

CRUCIFÈRES : Erysimum cheiriflorum *Wallr.*; Sisymbrium supinum *L.*; Arabis sagittata *DC.* et brassicæformis *Wallr.*; Dentaria pinnata *Lam.*; Neslia paniculata *Desv.*; Iberis amara *L.* et Violetti *Fl. lorr.*; Thlaspi perfoliatum *L.* et montanum *L.*

CISTINÉES : Helianthemum Fumana *Mill.*

VIOLARIÉES : Viola hirta *L.*, alba *Bess.* et mirabilis *L.*

RÉSÉDACÉES : Reseda lutea *L.*

POLYGALÉES : Polygala comosa *Schk.*, calcarea *Schultz* et austriata *Crantz*.

SILÉNÉES : Silene noctiflora *L.*

LINÉES : Linum tenuifolium *L.* et Leonii *Schultz*.

Malvacées : Althæa hirsuta *L.*

Géraniacées : Geranium pratense *L.*

Papilionacées : Cytisus Laburnum *L.* et decumbens *Walp.* ; Genista pilosa *L.* ; Ononis Natrix *L.* ; Anthyllis vulneraria *L.* ; Medicago falcata *L.* ; Trifolium rubens *L.* ; Astragalus glycyphyllos *L.* ; Colutea arborescens *L.* ; Vicia pisiformis *L.* ; Cracca tenuifolia *Fl. fr.* ; Ervum gracile *DC.* ; Lathyrus vernus *Wimm.* ; Coronilla varia *L.* et minima *L.* ; Hyppocrepis comosa *L.*

Amygdalées : Prunus Mahaleb *L.*

Rosacées : Spiræa Filipendula *L* ; Fragaria collina *Ehrh.* et magna *Thuill.*; Rubus tomentosus *Borkh.*, collinus *DC.* et thyrsoïdeus *Wimm.*; Rosa trachyphylla *Rau.*

Crassulacées : Sedum boloniense *Lois.* et dasyphyllum *L.*

Ombellifères : Orlaya grandiflora *Hoffm.* ; Caucalis daucoïdes *L.* ; Siler trilobum *Scop.* ; Peucedanum Cervaria *Hoffm.* ; Tordylium maximum *L.* ; Seseli montanum *L.* ; Bupleurum rotundifolium *L.* et falcatum *L.* ; Bunium Bulbocastanum *L.* ; Falcaria Rivini *Host.*

Hédéracées : Cornus mas *L.*

Caprifoliacées : Lonicera Caprifolium *L.*

Rubiacées : Asperula arvensis *L.*

Dipsacées : Dipsacus pilosus *L.*

Synanthérées : Aster Amellus *L.*; Artemisia camphorata *Vill.*; Leucanthemum corymbosum *Fl. fr.*; Inula salicina *L.* ; Micropus erectus *L.* ; Cirsium acaule *All.* ; Crepis pulchra *L.*; Barkhausia taraxacifolia *Thuill.* et fœtida *DC.*

CAMPANULACÉES : Campanula Rapunculus *L.* et glomerata *L.*

PRIMULACÉES : Primula grandiflora *Lam.* ; Androsace maxima *L.*

GENTIANÉES : Gentiana ciliata *L.* et germanica *Willd.*

BORAGINÉES : Lithospermum purpureo-cæruleum *L.*

SOLANÉES : Physalis Alkekengi *L.*

VERBASCÉES : Verbascum Lychnitis *L.*

SCROPHULARINÉES : Linaria supina *Desp.* et striata *DC.*; Veronica prostrata *L.* ; Euphrasia lutea *L.*

LABIÉES : Salvia Sclarea *L.* ; Stachys germanica *L.*, alpina *L.* et annua *L.* ; Melittis Melissophyllum *L.* ; Brunella alba *Pall.* et grandiflora *Jacq.* ; Teucrium Botrys *L.*, Chamædrys *L.* et montanum *L.*

GLOBULARIÉES : Globularia vulgaris *L.*

DAPHNOÏDÉES Stellera Passerina *L.*

SANTALACÉES : Thesium humifusum *DC.*

EUPHORBIACÉES : Euphorbia amygdaloïdes *L.* et verrucosa *Lam.*

LILIACÉES : Allium sphærocephalum *L.* ; Ornithogalum sulphureum *Röm.* et *Sch.* ; Anthericum ramosum *L.*

ASPARAGINÉES : Ruscus aculeatus *L.*

ORCHIDÉES : Orchis fusca *Jacq.*, cinerea *Schrank*, Simia *Lam.* odoratissima *L.* et pyramidalis *L.* ; Loroglossum hircinum *Rich.* ; Herminium clandestinum *Fl. fr.* ; Aceras anthropophora *R. Br.* ; Ophrys myodes *Jacq.*, aranifera *Huds.*, pseudospeculum *DC.*, arachnites *Rich.* et apifera *Huds.* ; Cephalanthera pallens *Rich.* ;

Limodorum abortivum *L.* ; Cypripedium Calceolus *L.*

CYPÉRACÉES : Carex halleriana *Ass.*, humilis *Leyss.* et ornithopoda *Willd.*

GRAMINÉES : Phleum Bœhmeri *Wib.* ; Sesleria cærulea *L.* ; Melica nebrodensis *Parl.* et nutans *L.* ; Hordeum murinum *L.*

FOUGÈRES : Polypodium robertianum *Hoffm.*

MOUSSES : Amblystegium confervoïdes *Schimp.* ; Grimmia crinita *Brid.* et orbicularis *Br.* et *Schimp.* ; Barbula turtuosa *W.* et *Mohr.* ; Trichostomum flexicaule *Schwœgr.* ; Seligeria pusilla *Br.* et *Schimp.*

LICHENS : Collema melænum *Ach.*, pulposum *Ach.* et cheileum *Ach.* ; Solorina saccata *Ach.* ; Squamaria lentigera *DC.* ; Placodium circinatum *Nyl.*, murorum *DC.* et callopismum *Mér.* ; Lecidea exanthematica *Nyl.*, cupularis *Ach.*, testacea *Ach.*, decipiens *Ach.*, vesicularis *Ach.* et calcivora *Nyl.* ; Opegrapha saxatilis *DC.* ; Verrucaria nigrescens *Pers.*, fuscella *Ach.* et rupestris *Schrad.*

Plantes silicicoles. — Nous pensons que les plantes suivantes sont exclusives aux terrains siliceux.

RENONCULACÉES : Myosurus minimus *L.*

FUMARIÉES : Corydalis fabacea *Pers.*

CRUCIFÈRES : Cardamine amara *L.*; Sisymbrium pannonicum *Jacq.* ; Roripa pyrenaïca *Spach.* ; Biscutella lævigata *L.* ; Teesdalia nudicaulis *R. Br.* ; Thlaspi alpestre *L.*

Violariées : Viola canina *L.*, stricta *Horn.*, palustris *L.* et lutea *Sm.*

Polygalées : Polygala depressa *Wend.*

Silénées : Dianthus deltoïdes *L.* ; Silene gallica *L.*, conica *L.* et rupestris *L.*

Alsinées : Spergula pentandra *L.* et rubra *Dietr.* ; Cerastium quaternellum *Fenzl.*

Linées : Radiola linoïdes *Gmel.*

Hypéricinées : Hypericum pulchrum *L.* et humifusum *L.* ; Elodes palustris *Spach.*

Empétrées : Empetrum nigrum *L.*

Papilionacées : Sarothamnus scoparius *Wimm.* ; Vicia lathyroïdes *L.* ; Ornithopus perpusillus *L.*

Amygdalées : Prunus Padus *L.*

Rosacées : Sibbaldia procumbens *L.* ; Potentilla argentea *L.* et salisburgensis *Hænck ;* Comarum palustre *L.* ; Rubus glandulosus *Bell.* et nitidus *W.* et *H.*

Sanguisorbées : Agrimonia odorata *Mill.* ; Sanguisorba officinalis *L.*

Onagrariées : Epilobium palustre *L.*, Duriæi *Gay*, et collinum *Gmel.*

Circéacées : Circæa intermedia *Ehrh.*

Lythariées : Peplis portula *L.*

Portulacées : Montia rivularis *Gmel.*

Paronychiées : Corrigiola littoralis *L.* ; Herniaria hirsuta *L.* ; Illecebrum verticillatum *L.* ; Scleranthus perennis *L.*

Crassulacées : Sedum Rhodiola *DC.*, annuum *L.*, villosum *L.*, alpestre *Vill.* et elegans *Lej.*

SAXIFRAGÉES : Saxifraga stellaris *L.* ; Chrysosplenium alternifolium *L.* et oppositifolium *L.*

OMBELLIFÈRES : Angelica pyrenæa *Spreng.* ; Peucedanum palustre *Mœnch.* ; Helosciadium repens *Koch* ; Cicuta virosa *L.*

RUBIACÉES : Galium boreale *L.* et saxatile *L.*

SYNANTHÉRÉES : Arnica montana *L.* ; Senecio sylvaticus *L.*, Jacquinianus *Rchb.* et sarracenicus *L.* (*non Koch*) ; Artemisia campestris *L.* ; Helichrysum arenarium *DC.* ; Gnaphalium luteo-album *L.* et norwegicum *Gunn.* ; Filago arvensis *L.* et minima *Fries* ; Circium anglicum *DC.* ; Centaurea nigra *L.* ; Carlina nebrodensis *Guss.* ; Arnoseris minima *Gœrtn.* ; Hypochæris glabra et maculata *L.* ; Leontodon pyrenaïcus *Gouan* ; Picris pyrenaïca *L.* ; Sonchus Plumieri *L.* ; Hieracium aurantiacum *L.* alpinum *L.*, Mougeoti *Frœl.*, Schmidtii *Tausch*, albidum *Vill.*, cydoniæfolium *Vill.*, præruptorum *Fl. lorr.* et auratum *Fries*.

CAMPANULACÉES : Jasione perennis *Lam.*

VACCINIÉES : Vaccinium uliginosum *L.*, Myrtillus *L.*, et Vitis-idæa *L.* ; Oxycoccus palustris *Pers.*

ERICINÉES : Andromeda polifolia *L.* ; Calluna vulgaris *Salisb.*

PRIMULACÉES : Androsace carnea *L.* ; Centunculus minimus *L.*

BORAGINÉES : Myosotis alpestris *Schmidt*, versicolor *Pers.* et stricta *Link.*

SCROPHULARINÉES : Digitalis purpurea *L.* ; Veronica

saxatilis *Jacq.* et verna *L.*; Euphrasia officinalis *L.* et nemorosa *Soy.-Will.*; Rhinanthus angustifolius *Gmel.*; Pedicularis foliosa *L.*

Labiées : Galeopsis dubia *Léers*; Stachys arvensis *L.*; Scutellaria minor *L.*

Plantaginées : Littorella lacustris *L.*

Polygonées : Rumex Acetosella *L.* et montanus *Desf.*; Polygonum Bistorta *L.*

Cupulifères : Castanea vulgaris *Lam.*

Liliacées : Allium Victorialis *L.*; Gagea stenopetala *Rchb.*

Joncées : Juncus filiformis *L.*, squarrosus *L.*, tenageia *Ehrh.* supinus *Mœnch.* et capitatus *Weig.*; Luzula spadicea *DC.* et nigricans *Desv.*

Orchidées : Orchis globosa *L.*; Listera cordata *R. Br.*

Cypéracées : Cyperus flavescens *L.*; Scirpus radicans *Schk.* et cœspitosus *L.*; Rhynchospora alba *Vahl*; Carex davalliana *Sm.*, pulicaris *L.*, pauciflora *Lightf.*, teretiuscula *Good.*, cyperoïdes *L.*, limosa *L.*, ericetorum *Poll.*, frigida *All.*, pseudo-cyperus *L.* et filiformis *L.*

Graminées : Setaria glauca *P. Beauv.*; Panicum glabrum *Gaud.*; Calamagrostis sylvatica *DC.*; Corynephorus canescens *P. Beauv.*; Aira caryophyllea *L.* et præcox *L.*; Deschampsia flexuosa *Gris.*; Holcus mollis *L.*; Eragrostis pilosa *P. Beauv.*; Danthonia decumbens *DC.*; Vulpia pseudo-myuros *Soy.-Will.* et sciuroïdes *Gmel.*; Festuca ovina *L.*; Nardurus Lachenalii *Fl. lorr.*; Nardus stricta *L.*

Fougères : Botrychium rutaceum *Willd.* et matricarioïdes *Willd.*; Osmunda regalis *L.*; Polypodium rhæticum *Vill.*; Polystichum Orcopteris *DC.*; Asplenium germanicum *Weiss.* et septentrionale *Sw.* ; Pteris aquilina *L.* ; Struthiopteris crispa *Wallr.*

Lycopodiacées : Lycopodium Selago *L.*, annotinum *L.*, inundatum *L.*, alpinum *L.*, Chamæcyparissus *A. Braun* et clavatum *L.*

Mousses : Brachythecium albicans *Schimp.* ; Pseudoleskea atrovirens *Schimp.* ; Andræa rupestris *L.* ; Webera cruda *Schreb.* et elongata *Schwægr.* ; Racomitrium heterosticum *Brid.* ; Grimmia commutata *Hüb.*, funalis *Br.* et *Schimp.* et ovata *W.* et *Mohr.* ; Amphidium lapponicum *Schimp.*; Distichium capillaceum *Br.* et *Sch.* ; Didymodon luridus *Hrusch* et cylindricus *Wils.* ; Dicranum spurium *Hedw.* et Starkii *W.* et *Mohr.* ; Rhabdoweisia fugax *Br.* et *Schimp.*

Hépatiques : Il faut compter à peu près toutes les espèces que j'ai indiquées comme croissant exclusivement sur nos terrains de grès vosgien et bigarré.

Lichens : Sphærophoron coralloïdes *Pers.* et fragile *Pers.* ; Stereocaulon corallinum *Schreb.*, tomentosum *Laur.*, condensatum *Hoffm.* et nanum *Ach.* ; Platysma cucullatum *Hoffm.* ; Parmelia tristis *Nyl.* ; Umbilicaria pustulata *Hoffm.*, polyphylla *Hoffm.*, proboscidea *DC.*, cylindrica *Delise*, erosa *Hoffm.* et polyrhiza *Stenh.* ; Lecanora glaucoma *Ach.*, badia *Ach.* et hæmatomma *Ach.* ; Lecidea lucida *Ach.*, morio *Schær.* et sanguinaria *Ach.*

Telles sont les plantes que nous croyons exclusives les unes aux terrains calcaires, les autres aux terrains siliceux. Parmi elles, il en est qui semblent faire exception dans certaines localités spéciales; nous y reviendrons plus loin et nous établirons que ces exceptions ne sont qu'apparentes et qu'elles viennent confirmer la règle.

De l'action des propriétés physiques et des propriétés chimiques du sol.

Il ne suffit pas d'établir que certaines plantes vivent exclusivement, les unes sur les sols calcaires, les autres sur les terrains siliceux. Ces faits soulèvent une autre question qu'il importe de discuter. Les botanistes sont, en effet, partagés, relativement au mode d'influence que la nature du terrain exerce sur les stations exclusives qu'affectent constamment certaines espèces végétales. Est-ce à ses propriétés physiques, qu'il faut attribuer cette préférence ? ou bien cette espèce de sélection reconnaîtrait-elle pour cause la composition chimique ? Des autorités très-imposantes se sont prononcées pour la première opinion; elle a été admise par Pyrame de Candolle (1) et par Thurmann (2); M. Alph. de Candolle (3) la professe également.

(1) Pyr. de Candolle, *Dictionnaire d'agriculture*, 1809, t. VI, p. 363 et *Dictionnaire des sciences naturelles*, t. XVIII (1820), p. 577.

(2) J. Thurmann, *Essai de phytostatique appliquée à la chaîne du Jura*, Berne, 1849, in-8°.

(3) Alph. de Candolle, *Géographie botanique raisonnée;* Genève, 1855, in-8°, t. I, p. 445.

Il ne peut, ce nous semble, venir à l'esprit de personne de nier que les propriétés physiques du sol n'aient une influence sur la végétation. Le labourage, en rendant le terrain plus meuble, plus aéré, plus facilement pénétrable aux racines des plantes, plus perméable aux eaux pluviales et aux arrosements artificiels, démontre ce fait avec une évidence qui entraîne la conviction. Sans le travail de nos instruments aratoires, la propagation des céréales deviendrait impossible en Europe; on sait, en effet, que le Blé, l'Orge et l'Avoine, abandonnés à eux-mêmes dans un champ que la charrue ne sillonne pas chaque année, disparaissent complètement au bout de deux ou trois ans.

On sait aussi que le sol, suivant sa couleur et sa constitution, est plus ou moins susceptible d'absorber les rayons solaires et que ces circonstances modifient sa température. Il est certain que les sols calcaires sont plus chauds que les sols siliceux et il est connu, qu'à latitude et à altitude égales, les mêmes espèces fleurissent huit jours plus tôt sur les uns que sur les autres. Bien que cet effet soit lié à leur nature chimique, il n'en constitue pas moins un phénomène de caloricité et par conséquent un phénomène physique.

D'autre part, les roches, dont les détritus forment le sol végétal, sont plus ou moins susceptibles de désagrégation. Les unes se séparent en graviers, d'autres en sables, d'autres enfin en particules très-ténues qui forment les argiles. Cet état de division mécanique du sol exerce une action remarquable sur sa puissance hygroscopique ou, en d'autres termes, le sol sera plus ou moins apte à absorber l'eau ambiante, à la retenir ou à l'abandonner. Or, c'est un fait acquis à la science, que l'eau est un des éléments essentiels de la végétation. Mais toutes les plantes sont loin d'exiger, pour prospérer, une égale proportion d'humidité. L'état de division et la nature du sol doivent donc jouer un rôle considérable dans la distribution des végétaux à la surface de notre planète. Or, la faculté hygroscopique des terrains constitue aussi un phénomène physique.

Nous sommes donc bien éloignés de nier l'influence de l'état mécanique du sol et nous lui accordons volontiers une large part d'action en géographie botanique.

Mais nous ferons observer tout d'abord, que la caloricité du sol et son hygroscopicité dépendent principalement de sa nature minéralogique. La composition chimique des terrains a donc au moins une action médiate sur la végétation, ce qu'admet, sans hésiter, M. Alphonse de Candolle lui-même (1).

Mais l'élément chimique n'aurait-il aucune influence immédiate? Il nous semble difficile de l'écarter dans la question de la distribution des végétaux sur les différents sols. Sans doute, il ne faut pas s'exagérer son action; mais, selon nous, elle ne peut pas être niée. Il faudra

---

(1) Alph. de Candolle, *Géographie botanique raisonnée*, t. I, p. 445.

bien l'admettre, si nous démontrons que l'état de compacité ou de désagrégation du sol ne peut expliquer la présence exclusive de certains végétaux sur des terrains bien différents sous le rapport physique et qui ont, néanmoins, un élément commun, l'élément chimique. Or, c'est précisément ce que nous montrent certaines espèces silicicoles ou calcicoles ; nous choisirons spécialement nos exemples parmi les espèces qui croissent sur des terrains différents au point de vue de ces propriétés physiques et se ressemblant au contraire au point de vue chimique ; ils n'en seront que plus probants, bien que plusieurs d'entre eux aient été contestés.

Parmi les Cryptogames vasculaires, nous citerons, en premier lieu, le *Pteris aquilina L.*, que M. Ch. Desmoulins (1) considère avec raison comme spécial aux terrains, dans lesquels la silice est prédominante. Si nous n'avons pas compris cette Fougère dans la liste que nous avons donnée dès 1843 (2) des plantes silicoles de la Lorraine, c'est qu'elle nous avait paru présenter une exception qui, mieux étudiée, est venue pleinement confirmer la règle. C'est que nous avions, en

(1) Desmoulins, *Troisième mémoire relatif aux causes qui paraissent influer particulièrement sur la croissance de certains végétaux dans des conditions déterminées* (dans les *Actes de la Société linéenne de Bordeaux*, pour 1848).

(2) Godron, *Considérations sur la géographie botanique de la Lorraine*, introduction à la *Flore de Lorraine*, 1re édit., 1843, t. I, p. VI.

effet, rencontré souvent cette plante dans les bois de nos coteaux de calcaire oolithique, où elle forme çà et là des groupes isolés les uns des autres et ne se voit plus dans les localités intermédiaires et sur de grands espaces. Mais, ayant eu l'idée d'explorer le sol couvert de Mousses et de feuilles sèches, dans les points où végète le *Pteris aquilina L.*, j'ai pu constater que le terrain dans lequel les racines de ce végétal sont implantées, est du diluvium formé de cailloux entièrement siliceux, de sable de même nature et d'argile rougeâtre. Chaque année, dans mes herborisations avec mes élèves, cette expérience est renouvelée avec un succès complet, de telle sorte qu'on peut affirmer que la présence de cette Fougère dans nos bois du calcaire oolithique révèle les points de la surface du sol, où cette formation est couverte d'un dépôt de diluvium siliceux. Or, ce diluvium, mêlé assez abondamment d'argile rougeâtre, constitue un terrain assez compacte. Le *Pteris aquilina* croit également et abondamment sur les chailles de l'oxfordien dans la plaine de la Woëvre (1), qui forment un sol assez dur et peu perméable à l'air comme aux eaux pluviales, mais qui contiennent jusqu'à 80 pour cent de silice, à ce point que les fossiles de cette formation sont souvent complètement silicifiés. D'une autre part,

---

(1) Dans la chaine du Jura, le *Pteris aquilina, L.* est très-commun sur les chailles de l'oxfordien ; on l'y rencontre aussi sur le diluvium siliceux et sur les dépôts erratiques siliceux, qui se montrent sur les différents étages de ce groupe de montagnes.

on rencontre cette même plante, en grande quantité, sur les sables fins et presque mobiles de l'alluvion siliceuse, qu'on observe dans la plaine située entre Dombasle et Blainville-sur-l'Eau et sur plusieurs autres points de la plaine de Lorraine. Enfin, on la trouve sur les grès vosgien et bigarré, sur le granite, la grauwacke, etc. Or, tous ces terrains présentent des propriétés physiques bien différentes.

Le *Digitalis purpurea* L. nous fournit un second exemple. Dès 1843 (1), je signalais cette Scrophularinée comme exclusivement silicicole et tous les voyages que j'ai pu faire depuis cette époque, tous les documents que j'ai pu recueillir sont venus confirmer mon opinion première. Elle végète abondamment dans les terrains granitiques des Vosges, dans les sols siliceux des terrains de transition, sur les grès vosgien et bigarré, sur les grès verts siliceux de la forêt d'Argonne et sur l'alluvion des vallées creusées dans ces diverses formations. Mais on ne la voit plus sur le diluvium répandu sur les formations calcaires, où, cependant, d'autres plantes silicicoles provenant des mêmes montagnes qu'elle, l'*Arnica montana* L. par exemple, végètent souvent très-loin de leur lieu d'origine. Mais le diluvium, même très-meuble, lorsqu'il repose sur les terrains calcaires, est toujours plus ou moins mélangé d'éléments calciques et surtout d'argile.

(1) Godron, *Flore de Lorraine*, 1re édit., t. II, p. 142.

On dit toutefois qu'en Normandie on a rencontré la Digitale pourprée sur le calcaire et sur la craie. Mais on a confondu ici la formation géologique sous-jacente avec les terrains de transport qui la recouvrent et qui forment le sol végétal. C'est ce qu'à observé M. de Caumont (1) sur la craie inférieure, mais recouverte par un dépôt de silex brisés mêlés d'argile et formant « un sol, ajoute « l'auteur, qui ressemble jusqu'à un certain point à celui « du grès rouge, des phyllades et de la grauwacke » « On trouve, dit M. de Brébisson (2), plusieurs espèces « de plantes des terrains primordiaux croissant sur les « terrains de transport superposés à la craie..... Le sol « argileux rempli de silex qui se trouve sur la craie « offre les plantes suivantes : Erica cinerea et tetralix ; « Calluna Erica ; Solidago Virga-aurea ; Vaccinium Myr-« tillus ; Digitalis purpurea ; Euphorbia dulcis ; Epilo-« bium spicatum ; Hypericum pulchrum ; Lathyrus syl-« vestris et autres que nous avons vus plus haut être « propres aux terrains primordiaux. » Ces observations sont importantes, bien que nous ne puissions admettre, avec M. de Caumont, du moins en ce qui concerne les Vosges, l'analogie qu'il indique entre les terrains de transport dont il parle et dont il signale la composition argileuse et siliceuse et le sol de nos montagnes, qui

---

(1) De Caumont, *Mémoires de la Société linéenne du Calvados*, t. IV, p. 119 et suivantes.
(2) De Brebisson, *Mémoires de la Société linéenne du Calvados*, t. IV, p. 381.

n'est pas argileux, mais sablonneux et très-meuble. La Digitale pourprée végète donc sur deux terrains dont les propriétés physiques sont très-différentes, mais qui sont analogues au point de vue des éléments chimiques. M. Dubourg d'Isigny (1) et M. Durand Duquesnay (2), citent des faits semblables. La Digitale pourprée est donc essentiellement une plante silicicole. Mais nous pouvons encore nous appuyer sur d'autres observations tout aussi concluantes.

M. Vernier (3), ancien directeur du jardin botanique de Porentruy, a semé les graines de cette plante sur les collines jurassiques des environs de cette ville, à l'époque de leur dissémination naturelle ; mais ces graines n'ont pas levé, quoique l'expérience ait été répétée pendant plusieurs années consécutives dans des localités et à des expositions différentes. Semées, au contraire, au commencement et à la fin de l'hiver, dans les mêmes lieux, elles ont germé, les plantes ont fleuri et fructifié, mais l'espèce n'a pu se reproduire en se semant naturellement. Une observation plus concluante encore, s'est produite au Jardin des plantes de Nancy, dont le sol est calcaire et un peu argileux, mais très-meuble.

---

(1) Dubourg d'Isigny, *Aperçus généraux sur la géologie et la flore de l'arrondissement de Vire*, 1836, p. 29.

(2) Durand-Duquesney, *Coup d'œil sur la végétation des arrondissements de Lisieux et de Pont-l'Évêque*, 1846, p. 21.

(3) Contejan, *Énumération des plantes vasculaires des environs de Montbéliard*; Besançon, 1854, in-8°, p. 60, en note.

Depuis vingt ans que je fréquente ce jardin ou que je le dirige, je n'ai pas vu la Digitale pourprée s'y reproduire une seule fois spontanément, ni sur les parties cultivées avant ou après l'hiver, ni sur les parties non-cultivées. On ne peut l'y maintenir qu'en la semant sous couche tous les printemps, soit de graines recueillies au jardin même, et alors la plante dégénère, languit et ses fleurs se décolorent; soit de graines sauvages, et alors elle ne conserve tous ses caractères naturels que pendant une génération. Cependant dans les jardins de la partie élevée de notre ville, où le sol est un sable fin et terreux, elle s'y propage d'elle-même et y prospère (1). M. Moquin-Tandon a fait, au jardin des plantes de Toulouse, une observation analogue ; la Digitale y perdait constamment le brillant coloris de ses corolles et disparaissait bientôt ; il n'a pu la fixer à sa place dans l'Ecole de botanique qu'en lui donnant un sol artificiel formé des détritus d'un schiste siliceux. Cette plante ne peut donc se propager indéfiniment et par conséquent s'acclimater que sur un sol siliceux.

Le Rumex Acetosella *L.* n'est pas moins remarquable par la constance de ces stations sur le sol siliceux, que le sol soit le granite, les grès siliceux, les basaltes, la molasse, l'alluvion diluvienne, etc.; qu'il reste inculte ou qu'il soit cultivé. Jamais on ne l'observe sur les ter-

---

(1) J'ai indiqué ce fait et le suivant dans mon *Traité de l'espèce et des races dans les êtres organisés*; 1859, t. I, p. 95 et 96.

rains dans la composition desquels se rencontre la chaux. L'élément calcaire paraît être l'ennemi irréconciliable de cette espèce, comme le prouve l'expérience suivante : M. Félix de Verneil (1) a observé, qu'à Montron, les champs qui reposent sur le sol granitique sont infestés par le Rumex Acetosella *L.* ; mais on parvient à faire disparaître facilement ce fléau des cultures, au moyen de la chaux. La Petite Oseille avait complétement envahi un champ de Trèfle et disputait avec avantage la possession du sol à cette utile Légumineuse. Ce champ fut chaulé, dans une moitié de son étendue, et toute cette partie sur laquelle la chaux exerça son action en fut entièrement purgée, tandis que sur tout le reste du champ, ce Rumex incommode continua à se propager avec la même vigueur.

Le Thesium humifusum *DC.* qui croît abondamment chez nous, sur le calcaire jurassique et sur son alluvion aux flancs des vallons creusés dans cette formation, y rencontre un terrain pierreux, dur et compacte. Chose remarquable, alors que cette même plante n'existe pas sur les montagnes granitiques qui bordent nos côtes de la Bretagne et celles de la Manche, elle se montre assez communément sur un sol bien différent, sous le rapport des propriétés physiques, de celui des coteaux calcaires de la Lorraine, sur les sables marins de la plage. Mais, comme nous l'avons déjà fait observer, il

---

(1) Ch. Desmoulin, l. c.

existe là un élément commun, essentiel à cette plante, la chaux des coquilles brisées (1). Ici, évidemment, l'influence chimique est prépondérante et l'influence physique à peu près nulle; et, cependant, il s'agit ici d'une plante parasite qui semblerait, par conséquent, être plus indépendante du sol que la plante mère, si l'observation ne nous avait démontré le contraire.

Nous pourrions étendre plus loin ces observations de géographie botanique comparée entre les plantes de notre sol jurassique et celles des sables maritimes; nous pourrions citer encore, d'après M. Lejolis, (2) qui a fixé notre attention sur ce point à Cherbourg où nous avons pu vérifier ses observations, l'Hippocrepis comosa *L.*, l'Anthyllis vulneraria *L.*, l'Eryngium campestre *L.*, le Hutschinsia petrea *R. Brown*, le Cirsium acaule *L.*, etc., qui se trouvent à la fois dans les mêmes stations que le Thesium humifusum *DC*, et y prospèrent, comme lui, sous l'influence de l'élément calcaire (3).

Il faut donc admettre qu'il existe, en dehors de l'influence physique du sol, une seconde influence, qui

(1) On sait, du reste, que sur les côtes de Bretagne et sur celle de la presqu'île de la Manche, on se sert de ces sables littoraux pour amander les terrains siliceux de la contrée.

(2) Lejolis, *De l'influence chimique des terrains sur la dispersion des plantes*, 2ᵉ édit., 1861, p. 50.

(3) Il serait utile de chercher les plantes calcicoles sur les sables marins tertiaires, si souvent mêlés de débris de coquilles et de constater s'ils se comportent comme les sables marins actuels, ce qui nous semble probable.

devient souvent plus active, celle qui dépend de sa composition chimique. Ne sait-on pas, du reste, que certaines plantes, qui contiennent dans leur tissu des principes immédiats azotés, telles que les Crucifères et certains Champignons terrestres, recherchent de préférence les terrains qui renferment des matières animales? que les plantes, dans lesquelles l'analyse chimique révèle une quantité notable de certaines substances terreuses, telles que la silice pour les Graminées, la chaux pour les Papilionacées, ont besoin d'en trouver dans le sol où elles croissent, et c'est même sur cette connaissance, qu'est basée, en partie du moins, l'emploi utile des amendements et des engrais en agriculture. MM. Malagutti et Durocher (1) ont fait voir récemment que les plantes exclusivement propres aux sols calcaires, renferment ordinairement dans leurs cendres, 40 à 50 pour 100 de chaux. Les travaux de M. Garreau (2) viennent aussi à l'appui des expériences précédentes. Il est difficile d'admettre que cette circonstance ne soit pas en connexion avec les causes qui permettent à ces plantes de se maintenir sur les sols calcaires, mais qui les empêchent de s'étendre au delà.

Il est toutefois des faits qui sont de nature à étonner singulièrement le botaniste qui explore nos hautes

---

(1) Malagutti et Durocher dans les *Annales de physique et de chimie*, sér. 3, t. LIV, p. 266.

(2) Garreau, *Comptes rendus de l'Académie des sciences*, 1860, t. L, p. 26.

Vosges et qui d'abord doivent exciter le doute sur la théorie que nous venons de formuler. Il n'est pas rare, principalement sur le revers oriental de ces montagnes, de rencontrer quelques-unes des plantes habituelles aux terrains calcaires et de constater des différences notables dans la nature de la végétation qui se montrent brusquement et qu'on ne peut s'expliquer à moins d'admettre que le sol vient de changer tout à coup de nature minéralogique. C'est en effet ce qui existe et ce qu'on peut reconnaître par l'exploration attentive du terrain. C'est qu'on vient de passer de la formation granitique sur celle de la grauwacke, qui s'étend sur de vastes espaces au delà de la ligne de faîte, vers la vallée du Rhin et ne se montre sur le versant lorrain que sur quelques points peu étendus. Or, la grauwacke présente des assises dans lesquelles l'élément calcaire domine et cette circonstance, dont on peut facilement vérifier l'exactitude, explique l'anomalie apparente que nous venons de constater.

Mais il est un autre fait dont, au premier abord, il semble plus difficile de rendre raison. La vallée de Soulzbach, sur le revers oriental des hautes Vosges, est creusée dans un massif granitique comme on peut s'en assurer en consultant les cartes géologiques de Rozet, de Hogard, de Billy et la carte géologique de France, de MM. Dufresnoy et Elie de Beaumont qui ont si bien décrit les Vosges. Or, dans cette vallée on est fort surpris de rencontrer les plantes suivantes : Ancmoné Hepatica *L.*, Arabis brassicæformis *Wallr.*; Dictamnus albus *L.*; Genista pilosa *L.*; Astragalus glycyphyllos *L.*; Vicia pisiformis *L.*; Spiræa Filipendula *L.*; Rubus tomentosus *Borckh.*; Peucedanum Cervaria *Hoffm.*; Bupleurum falcatum *L.*; Dipsacus pilosus *L.*; Leucanthemum corymbosum *Fl. fr.*; Verbascum Lychnitis *L.*; Teucrium Chamædrys *L.*; Melittis Melissophyllum *L.*; Melica nutans *L.*, plantes qui sont communes sur le calcaire jurassique de la Lorraine et de l'Alsace.

Or, si c'est réellement sur les détritus des roches cristallines que végètent les végétaux que nous venons de nommer, il faut les rayer de la liste des plantes exclusives aux terrains calcaires. Nous ferons observer tout d'abord qu'une partie d'entre elles ne se rencontrent que sur le flanc gauche d'un des embranchements supérieurs de la vallée de Soulzbach, dans le vallon de Wasserbourg, dont la grauwacke, avec ses assises calcaires, forme en partie la pente méridionale. Mais le bas de la vallée, au-dessous de Wasserbourg, est granitique et cependant on y trouve également quelques-unes des plantes calcicoles que nous avons nommées. Ne pouvant m'expliquer leur présence dans une station aussi exceptionnelle, je n'hésitai pas à m'adresser à un savant géologue, dont l'obligeance est bien connue, à M. Daubrée, aujourd'hui membre de l'Institut, à l'effet d'en obtenir les renseignements géologiques nécessaires pour débrouiller cette énigme. Ils ne se firent pas attendre et vinrent me donner l'explication simple et naturelle du fait si exceptionnel, qui bouleversait toutes mes idées, relativement à l'influence chimique, que le sol exerce sur la végétation.

M. Daubrée, qui a visité lui-même cette vallée, me fit connaître qu'elle était bien réellement creusée dans un massif granitique, mais que le loess ou limon alpin (Lehm des géologues alsaciens) y a pénétré, qu'il y recouvre le granite, que la source minérale gazeuse de cette vallée renferme une quantité très-notable de carbonate de chaux en dissolution (1) et du proxyde de fer, qui forment un dépôt ochracé. Or, tous les géologues savent que le loess de la vallée du Rhin renferme un sixième de carbonate de chaux, des concrétions ou nodules calcaréo-sableux et une grande quantité de coquilles d'eau douce et terrestres appartenant à des espèces encore vivantes (2). Ce dépôt à grains très-fins constitue un limon pulvérulent, très-peu consistant et si facile à détruire que chaque petit ruisseau coulant à sa surface le sillonne et l'entame profondément. Or, ce ne sont pas là les caractères physiques du sol végétal des coteaux de la formation jurassique; celui-ci est dur, consistant et assez fortement agrégé. L'élément chimique domine donc ici toute la question; et si l'on

---

(1) On y trouve par litre $1^{gr},66$ de matière fixe, dont $0^{gr},484$ de carbonate de chaux.

(2) Ch. Lyell, *Manuel de Géologie élémentaire*, trad. franç. Paris, 1856, t. I, p. 197.

trouve sur l'un et l'autre sol les mêmes représentants de la flore jurassique, c'est à la présence de la chaux qu'il faut l'attribuer. D'une autre part, si la même vallée nourrit aussi des plantes silicicoles, c'est sur les points de son étendue où le granit n'est pas recouvert par le limon argileux et calcaire qui en occupe une partie. Là les deux flores se touchent et ce contraste fait mieux ressortir encore l'action chimique du sol sur la distribution des espèces végétales à la surface de notre planète.

J'ajouterai enfin que le dépôt du loess est relativement assez moderne, qu'il est plus récent que la dispersion du diluvium et que le phénomène de transport qui a répandu dans la vallée du Rhin et dans les vallées collatérales, telles que celle de Soulzbach, ce limon farci d'*Helix*, de *Pupa*, de *Bulimus*, de *Lymnœa*, de *Succinea*, de *Paludina* et de *Planorbis*, dont les espèces peuplent encore aujourd'hui nos marais et nos coteaux, a dû vraisemblablement amener aussi avec le limon les graines de plantes calcicoles que nous rencontrons, non-seulement à Soultzbach, mais sur bien d'autres points de la vallée du Rhin.

J. Thurmann, qui a soutenu, avec tant de talent (1),

---

(1) J. Thurmann, *Essai de phytostatique appliquée à la chaîne du Jura*, Berne, 1849, 2 vol. in-8°. Consultez aussi un Mémoire plus récent du même auteur inséré dans les *Actes de la Société helvétique des sciences naturelles pour 1853* et intitulé : *De la marche à suivre dans l'étude de la dispersion des espèces végétales relativement aux roches sous-jacentes*.

l'opinion de l'influence presque exclusive des propriétés physiques du sol sur la nature de la végétation, a tiré un argument puissant de la flore, en grande partie jurassique, c'est-à-dire calcaire (1), qui couvre les montagnes basaltiques du Kaiserstuhl et qui contraste d'une manière si tranchée avec celle des Vosges et des montagnes de la Forêt Noire, où dominent presque exclusivement les végétaux silicicoles. Il attribue ce contraste aux propriétés physiques si différentes du sol de ces deux chaînes de montagnes avec celles que présentent la terre végétale du massif volcanique du Kaiserstuhl et à l'analogie qu'il admet entre le mode de désagrégation du basalte avec celui des calcaires compactes.

Mais M. Ch. Lyell (2) nous apprend que le sol basaltique du Kaiserstuhl a été presque partout couvert, ainsi que les volcans éteints de l'Eifel, par le loess de la vallée du Rhin. La même cause, c'est-à-dire l'action chimique, qui permet aux plantes calcicoles de prospérer dans la vallée de Soultzbach, doit évidemment produire les mêmes effets sur la rive droite du Rhin, que sur la rive gauche de ce fleuve, à quelques lieues de distance et sur deux points placés exactement vis-à-vis l'un de l'autre dans la même vallée.

Il est vrai que nous ne pourrions invoquer les mêmes

---

(1) On trouve l'énumération de ces plantes dans Spenner (*Flora friburgensis*; Friburgi Brisgoviæ, 1825, in-18, t. I. p. xxxiii).

(2) Ch. Lyell, *Manuel de Géologie élémentaire*, trad. franç., Paris, 1856, t. I, p. 198.

faits pour expliquer la végétation en partie calcicole des volcans éteints de l'Auvergne, où nous ne trouvons plus le loess alpin, pour nous tirer d'embarras. Aussi M. Lecoq (1) a-t-il été conduit à cette conclusion que le sol des montagnes basaltiques est neutre en ce qui concerne son influence sur la nature de sa végétation et qu'il nourrit indifféremment des plantes des terrains calcaires et des végétaux des terrains siliceux. Mais on peut se demander à quoi tient cette neutralité ? Les produits volcaniques renferment souvent de la chaux, même en Auvergne et quelques-uns même des plus répandus, le basalte par exemple, nous offrent une proportion de 8, 10 ou 13 pour cent et plus de chaux ; il est vrai que cet élément minéralogique s'y trouve habituellement combiné à la silice. Mais ces roches, en se désagrégeant à leur surface pour former le sol végétal, ne s'altèrent-elles pas ? et n'en résulte-t-il pas une décomposition des matières salines qui les composent ? Ce qu'il y a de bien établi pour moi, c'est que certains produits volcaniques de la collection géologique, formée autrefois par M. Lecoq, et que possède la Faculté des sciences de Nancy, contiennent du carbonate de chaux à l'état libre et font effervescence avec l'acide chlorhydrique. Je puis citer la Basanite variolitique n° 175 ; une Wacke n° 172 ; une Wacke endurcie n° 171. Je puis indiquer encore

(1) Lecoq, *Etudes sur la Géographie botanique de l'Europe*, etc., in-8°, t. II, p. 49 et 145.

dans la collection formée par M. de Leonhardt, une brèche basaltique du Puy en Velay n° 292 ; une brèche basaltique de Cournon n° 294 ; une brèche volcanique du Puy de Montandon n° 179, etc.

D'un autre part, M. E. Bischoff a observé des faits bien précis qui prouvent que les éléments du basalte, le pyroxène et le labrador, se décomposent à l'air. Ainsi l'augite ou pyroxène à base de chaux, sous l'influence des agents météorologiques, abandonnent la chaux sous forme de carbonate et se transforme en hornblende ou amphibole ferrugineuse (1) ; le labrador lui-même fournit aussi de la chaux sous l'influence des mêmes causes (2) ; il en est ainsi également de la lave (3), et du melaphyre (4). Il n'est pas étonnant dès lors, que M. Louis Parisot, pharmacien à Belfort (5) ait observé que les détritus des roches basaltiques du Kaiserstuhl contiennent une assez grande proportion de carbonate de chaux et cette observation n'en est pas moins précieuse puisqu'il est arrivé, par l'expérimentation directe, à découvrir une seconde cause qui explique pourquoi les montagnes volcaniques de la rive droite du Rhin présente une flore presque entièrement calcicole.

(1) G. Bischoff, *Lehrbuch der chemischen und physikalischen Geologie*, in-8°, t. II, p. 850.
(2) G. Bischoff, *ibidem*, t. I, p. 580 et 647.
(3) G. Bischoff, *ibidem*, t. I, p. 525.
(4) G. Bischoff, *ibidem*, t. II, p. 620.
(5) Louis Parisot, dans le *Bulletin de la Société botanique de France*, 1858, t. V, p. 539.

Ainsi donc les objections graves, par lesquelles on a combattu la théorie de l'influence minéralogique du sol sur la nature de la végétation, non-seulement s'évanouissent l'une après l'autre, mais ces exceptions apparentes, étudiées avec plus de soin, viennent, au contraire, fournir un appui des plus solides à la doctrine que nous avons cherché à défendre depuis dix-neuf années (1).

Mais que devient la théorie de l'action mécanique du sol, lorsqu'on l'applique aux plantes aquatiques? et surtout à celles qui, ne tenant en aucune façon au sol, flottent librement à la surface des eaux?

Nous avons vu qu'il existe en Lorraine des eaux presque pures, celles qui descendent du massif granitique des hautes Vosges et qui nourrissent des plantes qui leur sont propres. Nous en avons donné plus haut l'énumération. Cependant ces mêmes eaux se déversent dans la plaine et doivent entraîner avec elles les graines ou les sporules des végétaux dont il est ici question. C'est en effet ce qui a lieu pour certains d'entre eux, que nous retrouvons jusqu'à la base de nos montagnes vosgiennes, mais qui ont leur limite inférieure tracée par la ligne

---

(1) Mes premiers travaux sur ce point de géographie botanique se trouvent insérés dans la première édition de ma *Flore de Lorraine* (1843, t. I, p. vj), où un chapitre spécial est consacré à cette question, sous le titre de : *Considérations sur la géographie botanique de la Lorraine.* J'y suis revenu depuis dans mon traité *De l'espèce et des races dans les êtres organisés,* Paris, 1859, t. I, p. 91 à 111.

même où les cours d'eaux pénètrent dans la région calcaire et se chargent d'éléments qui leur étaient jusque-là étrangers (1). Tel est, par exemple, le Nuphar pumila *Sm.* qui n'a été rencontré jusqu'ici dans les Vosges que dans ceux des lacs qui reçoivent leurs eaux de la partie granitique de ces montagnes, comme ceux de Blanchemer, du Frankenthal, de Retournemer, de Longemer, de Gérardmer, le lac noir, etc.; cette plante se retrouve dans les eaux de la Moselle jusqu'en amont de Remiremont. On ne la trouve pas au lac du Ballon de Guebvillers, ni dans aucun des lacs du massif de transition que couronne cette montagne, la plus élevée de toute la chaine ; mais les eaux, qui en descendent, doivent être plus ou moins chargées des éléments solubles du sol, c'est-à-dire d'élément calcique qui, sur bien des points, forme la surface du sol. Cette plante a été plusieurs fois transportée vivante, et dans les meilleures conditions possibles, dans le bassin du jardin des plantes de Nancy, alimenté par une eau de source fraîche, mais calcaire ; elle y a végété péniblement, n'y a jamais fleuri et a fini par périr au bout de deux ou trois ans. Je puis

---

(1) Mon collègue, M. Nicklès, a reconnu par l'analyse chimique que la Vezouze, qui descend des Vosges siliceuses, a ses eaux presque pures à Cirey et ne contient pas de trace de chaux, même en faisant usage du réactif très-sensible qu'il a découvert, la liguline; mais à Blâmont cette même rivière renferme du carbonate de chaux après avoir franchi la limite du muschelkalk (*Mémoires de l'Académie de Stanislas* pour l'année 1858, p. 229).

en dire autant du Sparganium natans *L.* (Sparganium affine *Schnizl. non auct. gall.*), de l'Isoetes lacustris *L.*

Il est d'autres plantes, au contraire, qui se rencontrent abondamment dans les cours d'eau et les marais de la plaine, où se montre l'élément calcique, le sesquioxyde de fer, la magnésie, ou le sulfate de chaux et ne se voient pas dans les eaux presque pures qui découlent de nos montagnes granitiques ou arénacées. Nous en avons donné la liste; nous n'y reviendrons pas. Mais nous ferons observer que ces eaux chargées de matières minérales les abandonnent aux plantes qu'elles nourrissent; que ces principes salins non-seulement se retrouvent dans leurs tissus, mais bien plus, comme l'a démontré Liebig (1) pour le Lemna trisulca *L.* et Gorup-Besanez (2) pour le Trapa natans *L.*, elles absorbent et s'assimilent, par une sorte de sélection, une proportion de chacune d'eux bien différente de celle que représente leur mélange dans les eaux.

Les tourbières, dont les eaux acidules nourrissent des plantes qu'on ne rencontre nulle part dans les marais dont les eaux sont d'une autre nature, ne viennent-elles pas encore fournir un argument puissant à l'appui de la thèse que nous soutenons ?

Enfin, il est des plantes qui ne peuvent vivre que

---

(1) Liebig, dans *Annalen der Chemie und Pharmacie*, t. CV, p. 140.

(2) Gorup-Besanez, *ibid.*, t. CXVIII, p. 220.

sous l'influence du sel marin et les faits, que je vais exposer, viendront compléter ma démonstration.

Nous avons donné plus haut la liste des plantes spéciales aux terrains salifères, qui existent en Lorraine. Leur aire d'extension est très-étendue en dehors de nos limites, et partout elles végètent exclusivement là où elles sont exposées à l'action du chlorure de sodium, qui pénètre certainement dans leur tissu, puisque M. Becquerel a trouvé 20 pour cent de ce sel dans leurs cendres (1). D'une autre part, il ne faut pas oublier que le sel gemme se rencontre dans les trois membres du trias, c'est-à-dire, les marnes irisées, le muschelkalk et le grès bigarré, dont les affleurements constituent des sols bien différents les uns des autres, quant à leurs propriétés physiques et qui tous cependant deviennent propres à nourrir les végétaux dont nous parlons, pourvu que leurs racines y rencontrent l'élément nécessaire à leur existence, le sel marin. Leur présence dans l'intérieur des terres indique donc l'existence du sel gemme dans le sol qu'elles habitent et ce fait de Géographie botanique permet ainsi de constater un fait géologique.

L'action chimique est bien plus évidente encore pour celles des plantes de nos salines, qui vivent plongées dans les eaux saumâtres et qu'on ne rencontre jamais

(1) Ce fait a été constaté par M. Becquerel sur les herbes des prairies salées des environs de Dieuze.

dans les eaux douces ; c'est donc avec raison que nous avons dit que, pour elles, l'eau c'est le sol.

Parmi ces plantes des marais salants, il en est une qui doit plus particulièrement fixer notre attention, puisque c'est en Lorraine qu'elle a été, pour la première fois, distinguée de ses congénères (1) ; elle est admise aujourd'hui comme espèce légitime par tous les botanistes, je veux parler du Ranunculus Baudotii *Godr*. Il est aujourd'hui parfaitement établi que cette Renoncule batracienne ne vit que dans les eaux saumâtres ; c'est là qu'on la rencontre chez nous à Vic, à Moyenvic, à Marsal, à Dieuze et près de Sarrebourg. Elle est abondante dans les marais salés et à l'embouchure des rivières sur nos côtes de l'Océan, sur celles de la Méditerrannée, en France et en Algérie, sur les rivages de la Baltique ; on la retrouve même dans le désert du Sahara, où elle habite les lacs d'eau salée, comme M. Cosson l'a constaté dans ses voyages. L'influence chimique domine donc ici celle des propriétés physiques et même celle du climat, ou plutôt les propriétés physiques et surtout l'action mécanique du sol disparaissent complétement.

Il faut conclure de tous ces faits que les deux théories admises relativement à l'influence du sol sur la dispersion des végétaux, reposent l'une et l'autre sur des faits

---

(1) Godron, *Essai sur les Renoncules à fruits ridés* dans les *Mémoires de la Société royale des sciences de Nancy*, 1839, p. 8 et *De l'existence aux environs de Sarrebourg d'une plante propre aux terrains salifères*, ibidem, 1846, p. 60.

vrais, que les deux modes d'action qu'elles reconnaissent peuvent combiner leurs effets et que l'une ou l'autre des deux influences peut devenir prépondérante, par conséquent qu'elles sont fausses l'une et l'autre si on les considère comme exclusives.

CHAPITRE IV.

DE L'INFLUENCE DE L'HOMME SUR LA DISPERSION DES VÉGÉTAUX.

L'homme modifie tout ce qui est soumis à son empire et c'est là un des nombreux caractères, qui le distinguent de tous les autres êtres organisés. Cette tendance est même si développée dans notre espèce, que l'homme, en changeant de mille manières ses habitudes et son genre de vie, s'est modifié lui-même et que le type humain est aujourd'hui représenté par des variétés excessivement nombreuses, à ce point qu'il n'existe peut-être pas deux hommes qui se ressemblent complétement. Il en a été de même des animaux et des végétaux, auxquels il a imposé sa domination; il en a formé des races diverses. Mais les êtres organisés qui ont continué à vivre dans leur état de nature, n'ont pas tous été complétement soustraits à son action. Il a restreint l'aire d'extension géographique de certaines espèces; il a, au contraire, étendu celle des autres. Nous devons nous borner ici à étudier cette question, en ce qui concerne les végétaux.

En portant la hache dans les forêts, en sillonnant les prairies naturelles avec le soc de la charrue, l'homme a singulièrement restreint le domaine primitif de certaines espèces végétales. Par contre, l'agriculture a introduit sur notre sol un certain nombre de végétaux utiles, mais originairement étrangers à notre pays ; les uns se sont complétement acclimatés ; les autres ne s'y propagent que par les soins assidus de l'homme. Mais à nos céréales, à nos plantes potagères ou industrielles, sont venus se joindre, dans nos cultures, un certain nombre de végétaux, que le laboureur repousse de toutes ses forces et, malgré la guerre incessante qu'il leur déclare, elles se glissent avec une persévérance infatigable au milieu de nos plantes domestiques, qu'on me permette cette expression déjà employée par Gouan, et semblent vouloir partager avec elles les avantages que présentent à la vie végétale les procédés de l'industrie agricole.

Parmi ces plantes incommodes, il est un certain nombre d'espèces, qui vivent et se propagent exclusivement dans nos cultures ; d'autres se montrent à la fois au milieu des plantes précieuses, que l'homme confie lui-même à la terre, et en société des plantes sauvages, dont elles acceptent aussi les conditions d'existence. Il est utile, comme nous allons le voir, de faire cette distinction.

Les plantes qui sont exclusives aux cultures, témoignent par cela même, qu'elles ne peuvent se perpétuer, sous notre climat, que sous l'influence des soins de l'homme. Ces plantes sont donc étrangères à la Flore originelle de nos contrées et il est facile de comprendre comment elles ont pu s'introduire dans nos champs et dans nos jardins. Nos céréales, la plupart de nos plantes potagères, industrielles ou fourragères ne sont pas indigènes ; on sait positivement que presque toutes proviennent d'Asie ou d'Amérique. Ajoutons qu'elles ne nous sont pas arrivées directement de leur lieu d'origine, sans stations intermédiaires ; que, de nos jours encore, leurs graines nous sont envoyées souvent des différents lieux où elles sont cultivées ; que ces graines sont toujours mélangées de quelques semences étrangères, qui germent dans nos cultures. Peut-être même la première apparition chez nous de ces plantes adventives, de ces mauvaises herbes, comme le vulgaire les désigne, date-t-elle de l'époque de l'introduction des céréales dans notre pays et remonte-t-elle, par conséquent, à celle des migrations des nations asiatiques, qui ont peuplé l'Europe ?

L'origine accidentelle, dans nos champs et dans nos jardins de plusieurs de ces végétaux, est, de prime abord, évidente. C'est ainsi, par exemple, que le Melampyrum arvense *L.*, qui ne peut vivre que sur les racines du blé et qu'on n'a jamais pu propager isolément de graines, malgré de nombreuses tentatives, à moins qu'on ne le sème en même temps que sa plante nourricière, est nécessairement une plante qui nous est arrivée avec cette précieuse céréale.

J'en dirai autant du Phelipæa ramosa, qui vit sur les racines du Chanvre, mais qui, depuis la culture du Tabac, a aussi élu domicile sur les racines de cette Solanée. Il disparait constamment des champs, qui ne sont plus occupés par l'une ou par l'autre de ces deux plantes industrielles. Il est donc étranger à notre pays et nous est arrivé des contrées septentrionales de l'Inde avec le Cannalis sativa et cela à une époque très-reculée, puisque cette plante textile était déjà connue et cultivée par les anciens Celtes.

Il est d'autres plantes, qui ne se montrent jamais en Lorraine, que dans certaines cultures spéciales. C'est ainsi que le Centaurea solstitialis *L.*, l'Helminthia echioïdes *L.*, l'Asperugo procumbens *L.*, le Hirschfeldia adpressa *Mœnch*, l'Ammi majus *L.* ne se recontrent que dans nos champs de Luzerne; ils n'y mûrissent pas habituellement leurs fruits et disparaissent bientôt. Ces hôtes passagers de nos luzernières vivent à l'état sauvage dans le midi de la France, d'où nous tirons généralement les graines de Medicago sativa *L.*

Faut-il ajouter que nous avons pu constater, avec surprise, la présence dans les champs des environs de Nancy, de plusieurs plantes, qui n'y existaient pas antérieurement; que nous avons, pour ainsi dire, assisté à leur arrivée dans notre pays; que nous avons pu suivre enfin les progrès de leur naturalisation. Tels sont les Vicia varia *Host*, Barkhausia setosa *DC.*, Cuscuta Trifolii *Bab.*, qui sont devenus trop communs, la dernière surtout, dans nos cultures, qu'elles envahissent de plus en plus. Nous avons également observé, dans les Lins de Riga, importés chez nous, il y a 25 ans, et uniquement dans les Lins de cette provenance spéciale, le Galium spurium *L.*, le Cuscuta densiflora *Soy.-Villm.*, le **Lolium linicola** *Sond.*

L'analogie doit donc nous conduire à penser, que celles des plantes de nos cultures, qui ne se trouvent que là, qui ne se voient jamais dans les lieux incultes, sont, comme les précédentes, étrangères sur notre sol, puisque, à l'exemple de nos céréales elles-mêmes, elles ne peuvent se propager sans culture, et reconquérir chez nous la vie sauvage.

Du reste, qu'il me soit permis, pour démontrer combien, dans ce genre de recherches, l'analogie est un guide précieux, de rappeler qu'en 1853, sans connaître alors les travaux faits, en Angleterre, par M. Watson (1), qui n'avait mis au jour alors que ses deux premiers volumes, j'ai publié (2) une liste fort incomplète des plantes adventives, naturalisées dans les lieux cultivés

(1) Watson, *Cybele britannica, or british plants and their geographical relations*, London, in-8°.

(2) Godron, *Considérations sur les migrations des végétaux et spécialement sur ceux qui étrangers au sol de la France y ont été introduits accidentellement* ; Montpellier. in-4°. 1853.

de la France, et que, pour celles d'entre elles, qui sont communes aux cultures des deux pays, nos listes concordent d'une manière remarquable, comme M. Watson se plaît à le reconnaître lui-même dans le quatrième volume de son ouvrage (1).

Il me reste à énumérer les plantes, que je considère comme étrangères et accidentellement introduites dans les cultures de la Lorraine. Ce sont les suivantes :

RENONCULACÉES : Adonis æstivalis *L.* et flammea *Jacq.*; Ranunculus arvensis *L.*; Myosurus minimus *L.*; Nigella arvensis *L.*; Delphinium consolida *L.*

PAPAVÉRACÉES : Papaver Rhæas *L.*, dubium *L.*, Argemone *L.* et hybridum *L.*

FUMARIÉES : Fumaria officinalis *L.*, densiflora *DC.*, Vaillantii *Lois.* et parviflora *Lam.*

CRUCIFÈRES : Raphanus Raphanistrum *L.*; Sinapis alba *L.*; Hirschfeldia adpressa *Mœnch*; Brassica nigra *Koch*; Diplotaxis viminea *DC.*; Erysimum cheirantoïdes *L.* et perfoliatum *DC.*; Barbarea patula *Fries*; Camelina fœtida *Fries*, sativa *Fries* et sylvestris *Waltr.*; Neslia paniculata *Dew.*; Calepina Corvini *Desv.*; Isatis tinctoria *L.*; Iberis amara *L.*; Thlaspi arvense *L.*

RÉSÉDACÉES : Reseda Phyteuma *L.*

SILÉNÉES : Gypsophila Vaccaria *Sibth.* et muralis *L.*; Silene gallica *L.* et noctiflora *L.*; Lychnis Githago *Lam.*

ALSINÉES : Spergula pentandra *L.* et segetalis *Vill.*;

---

(1) Watson, *op. cit.* t. IV, (1859), p. 121.

Holosteum umbellatum *L.*; Cerastium viscosum *Fries*.

Linées : Radiola linoïdes *Gmel.*

Malvacées : Althæa hirsuta *L.*

Papilionacées : Medicago scutellata *All.* et polycarpa *Willd.*; Melilotus alba *Lam.* et parviflora *Desf.*; Vicia lutea *L.* et hybrida *L.*; Cracca varia *Fl. fr.* et villosa *Fl. fr.*; Ervum gracile *DC.* et tetraspermum *L.*; Pisum arvense *L.*; Lathyrus Nissolia *L.*, Aphaca *L.*, tuberosus *L.*, hirsutus *L.* et sativus *L.*; Coronilla scorpioïdes *Koch.*; Ornithopus perpusillus *L.*

Sanguisorbées : Alchemilla arvensis *Scop.*

Portulacées : Portulaca oleracea *L.*

Ombellifères : Orlaya grandiflora *Hoffm.*; Turgenia latifolia *Hoffm.*; Caucalis daucoïdes *L.*; Coriandrum sativum *L.*; Tordylium maximum *L.*; Bupleurum rotundifolium *L.* et tenuissimum *L.*; Bunium Bulbocastanum *L.*; Ammi majus *L.*; Falcaria Rivini *Host*; Scandix Pecten-Veneris *L.*

Rubiacées : Galium anglicum *Huds.*, Aparine *L.* et tricorne *With.*; Asperula arvensis *L.*; Sherardia arvensis *L.*

Valérianées : Valerianella olitoria *Mœnch*, carinata *Lois.*, eriocarpa *Desv.*, Morisonii *DC.* et auricula *DC.*

Synanthérées : Chrysanthemum segetum *L.*; Matricaria Chamomilla *L.*; Chamomilla nobilis *Fl. lorr.*; Filago arvensis *L.* et gallica *L.*; Micropus erectus *L.*; Centaurea Cyanus *L.* et solstitialis *L.*; Arnoseris minima *Gærtn.*; Hypochæris glabra *L.*; Helminthia echioïdes *Gærtn.*; Chondrilla juncea *L.* et latifolia *M. Bieb.*; Sonchus oleraceus *L.*, asper *Vill.* et arvensis *L.*; Barkhausia setosa *DC.*

Campanulacées : Specularia Speculum *A. DC.* et hybrida *A. DC.*

Primulacées : Androsace maxima *L.*; Centunculus minimus *L.*; Anagallis arvensis *L.*

Cuscutacées : Cuscuta Trifolii *Bab.*, densiflora *Soy.-Willm.* et suaveolens *Ser.*

Boraginées : Borago officinalis *L.*; Anchusa arvensis *Bich.*; Lithospermum arvense *L.*; Echinospermum Lappula *Lehm.*; Asperugo procumbens *L.*

Scrophularinées : Antirrhinum Orontium *L.*; Linaria arvensis *Desf.*, spuria *Mill.* et Elatine *Mill.*; Veronica peregrina *L.*, acinifolia *L.* et triphyllos *L.*; Euphrasia Odontites *L.* et serotina *Lam.*; Melampyrum arvense *L.*

Orobanchées : Orobanche Medicaginis *Schultz*; Phelipœa ramosa *Mey.*

Labiées : Satureia hortensis *L.*; Lamium amplexicaule *L.*; Stachys annua *L.* et arvensis *L.*; Ajuga Chamæpitys *Schreb.*; Teucrium Botrys *L.*

Amarantacées : Amarantus retroflexus *L.*; Polycnemum arvense *L.*

Salsolacées : Atriplex hortensis *L.*

Polygonées : Polygonum Fagopyrum *L.* et tataricum *L.*

Daphnoïdées : Stellera Passerina *L.*

Aristolochiées : Aristolochia Clematitis *L.*

Euphorbiacées : Euphorbia platyphylla *L.*, segetalis *L.*, Peplus *L.*, exigua *L.* et Lathyris *L.*; Mercurialis annua *L.*

Liliacées : Ornithogalum umbellatum *L.*; Gagea arvensis *Schult.*

Joncées : Juncus capitatus *Weig.*

Graminées : Crypsis alopecuroïdes *Schrad.*; Alopecurus agrestis *L.*; Setaria viridis *P. Beauv.* et glauca *P. Beauv.*; Panicum sanguinale *L.* et glabrum *Gaud.*; Agrostis Spica-venti *L.*; Avena strigosa *Schreb.* et fatua *L.*; Eragrostis pilosa *P. Beauv.*; Vulpia Pseudomyuros *Soy.-Willm.* et sciuroïdes *Gmel.*; Serrafalcus secalinus *Fl. lorr.* et arvensis *Fl. lorr.*; Lolium temulentum *L.* et linicola *Sond.*

Les plantes exclusives aux cultures sont à peine dans le rapport de 12 pour cent avec les autres plantes phanérogames de notre Flore. Il semblerait que cette faible proportion n'a pu modifier beaucoup l'aspect général de la végétation de notre province; mais si l'on considère combien y est grande l'étendue de la surface cultivée, combien les soins agricoles sont favorables au développement des plantes et à leur propagation, on comprendra que les végétaux étrangers naturalisés dans nos cultures forment une portion considérable de la population végétale de notre pays.

Il est d'autres végétaux que ceux dont nous venons de donner l'énumération, qui habitent aussi les champs, mais qui vivent en même temps dans les lieux incultes et y prospèrent. Or, parmi ceux-ci, il en est certainement quelques-uns qui, originaires de pays plus ou moins éloignés, se sont complétement naturalisés et vivent aujourd'hui à l'état sauvage dans leur nouvelle patrie, avec tous les caractères des plantes indigènes ; de telle sorte que, pour eux, la question d'origine est le plus souvent, d'autant plus difficile à résoudre, que des plantes authoctbones vivent aussi dans les moissons. Nous ne doutons pas que, dans quelques années, le *Vicia varia Host* et *Barkhausia setosa DC.* ne se montrent en Lorraine avec les caractères des plantes spontanées. Importés avec des graines de céréales, ils se sont singulièrement multipliés; ils ont envahi déjà les lieux non défrichés et même les bois qui bordent les espaces soumis à la culture. Il est donc infiniment probable, que la liste que nous avons donnée, des plantes étrangères, qui peuplent nos champs, est incomplète et doit s'enrichir de nouvelles espèces, si l'on parvient à lever les doutes qui pèsent sur un certain nombre d'entre elles.

Il est encore des plantes étrangères, qui vivent sur notre sol, mais qui préfèrent à nos cultures les bords de nos rivières, nos prairies naturelles, les bruyères et mêmes les bois, où elles se développent avec la même vigueur que dans leur pays natal. Mais leur lieu d'origine est parfaitement connu et l'on sait même, pour quelques-unes, l'époque de leur introduction en Europe. Telles sont les espèces suivantes :

CRUCIFÈRES : Cheiranthus Cheiri *L.* ; Roripa rusticana *Fl. fr.;* Lepidium sativum *L.* et Draba *L.*

Onagrariées : OEnothera biennis *L.*, et muricata *L.*

Synanthérées : Petasites fragrans *Presl.*; Erigeron canadense *L.*; Stenactis annua *Nées*; Aster brumalis *Nées*; Silybum Marianum *Gœrtn.*; Kentrophyllum lanatum *DC.*

Solanées : Datura Stramonium *L.*; Hyoscyamus niger *L.*

Scrophularinées : Mimulus luteus *L.*; Antirrhinum majus *L.*

Labiées : Melissa officinalis *L.*; Nepeta Cataria *L.*; Leonurus Cardiaca *L.*

Salsolacées : Blitum virgatum *L.* et capitatum *L.*

Asparaginées : Asparagus officinalis *L.*

Amaryllidées : Narcissus incomparabilis *Mill.*

Orontiacées : Acorus Calamus *L.*

Certaines plantes paraissent affectionner le voisinage de l'homme, s'attachent pour ainsi dire à ses pas et le suivent, même malgré lui, près des constructions qui lui servent de demeure et persistent souvent, pendant de longues années, sur les ruines des habitations, près desquelles elles ont élu domicile. Nous pouvons citer les suivantes, en ce qui concerne la Lorraine.

Papavéracées : Chelidonium majus *L.*

Crucifères : Cheiranthus Cheiri *L.*; Diplotaxis tenuifolia *DC.*

Alsinées : Stellaria media *Vill.*

Malvacées : Malva rotundifolia *L.* et sylvestris *L.*

Amarantacées : Amarantus Blitum *L.*

SALSOLACÉES : Chenopodium Vulvaria *L.*, opulifolium *Schrad.*, hybridum *L.*, murale *L.*, urbicum *L.* et glaucum *L.* ; Blitum Bonus-Henricus *Rchb.* ; Atriplex hortensis *L.*

POLYGONÉES : Polygonum aviculare *L.*

URTICÉES : Urtica urens *L.* et dioïca *L.*

GRAMINÉES : Poa annua *L.*

Il faut conclure de tous ces faits que l'homme a singulièrement modifié, sur beaucoup de points, la distribution primitive des végétaux indigènes et a introduit parmi elles un nombre notable de végétaux originairement étrangers à notre sol. La conséquence pratique de ce dernier fait, c'est qu'on doit tenter, avec espoir d'obtenir quelque succès, la naturalisation de nouvelles espèces exotiques, qui fournissent à l'homme des produits utiles.

CHAPITRE V.

LES INFLUENCES PRÉCÉDENTES EXPLIQUENT-ELLES LES LIMITES QU'OFFRE L'AIRE D'EXTENSION DE CERTAINS VÉGÉTAUX ?

Les influences atmosphériques et celles du sol expliquent très-bien, comme nous l'avons démontré, les stations exclusives qu'affectent un assez grand nombre de plantes de notre province sur certaines natures de sol et a des altitudes déterminées. Mais peuvent-elles aussi nous dévoiler les causes qui fixent les limites de l'aire d'extension de certaines espèces végétales ? Les unes n'occupent qu'une superficie extrêmement restreinte et ne franchissent pas les limites étroites, où elles sont, pour ainsi dire, comme parquées ; d'autres, au contraire, occupent une étendue très-considérable de la surface de la terre, mais néanmoins sont circonscrites dans une aire déterminée. Sous la même latitude ou plutôt sous une même ligne isotherme, à des expositions semblables, à des altitudes égales et sur des terrains de nature identique, on ne rencontre pas sur toute la périphérie d'une zone terrestre, les mêmes espèces végétales. Très-souvent, sans doute, la configuration physique du sol, la présence de hautes chaînes de montagnes ou le bassin des mers sont venus mettre obstacle à leur dispersion naturelle. Mais, lorsque ces barrières n'existent pas, le problème devient plus difficile à résoudre.

Il est des espèces végétales qui semblent être exclusives à notre circonscription territoriale. Bien qu'elles aient été décrites depuis un certain nombre d'années, que leur existence en Lorraine ait reçu une publicité suffisante et qu'elles aient même été insérées en nature dans diverses collections de plantes très-répandues, elles n'ont pas été vues en dehors de nos limites et si, par la suite, on ne les rencontre pas ailleurs, elles devront être considérées comme ayant sur notre sol leur centre de végétation et leur aire d'extension toute entière.

Elles sont au nombre de trois, chiffre relativement considérable, si on le compare au peu d'étendue de notre ancienne province.

Nous trouvons d'abord l'Iberis Violetti *Fl. lorr.*, qui me paraît définitivement distinct de toutes les autres espèces du même genre et qui n'a été rencontré jusqu'ici que sur les coteaux de coral-rag qui bordent la vallée de la Meuse. C'est aux environs de Saint-Mihiel, au bord de la forêt de Champagne, qu'il a d'abord été rencontré, mais il existe aussi sur le prolongement des mêmes coteaux depuis Fresnes jusqu'aux Paroches et il a été retrouvé depuis par le docteur Warion à la côte de Bussy, près de Commercy.

Une seconde espèce, propre à nos contrées, est le Filago neglecta *Soy.-Willm.*, qui croît abondamment sur le grès bigarré, dans les champs aux environs de Badonviller. Il a été observé depuis par le docteur Berher sur un sol analogue aux environs d'Epinal (1).

Notre troisième espèce est le Bruchia vogesiaca *Schwægr.*, jolie petite mousse, qui n'a été recueillie jusqu'ici qu'au Hohneck et dans un seul des escarpements de cette montagne granitique. Son aire d'exension n'y occupe qu'un petit nombre de mètres carrés.

Si ces trois plantes sont, en réalité, exclusives à la Lorraine, nous devons avouer qu'il nous est impossible

---

(1) Depuis la rédaction de ce travail, j'ai lu dans les *Archives de Flore* (p. 310), publiées par M. F. Schultz, que cette plante est très-commune en Belgique.

d'expliquer, par les influences dont nous avons étudié les effets, le peu d'étendue que présente leur circonscription géographique.

Nous ne connaissons aucune espèce végétale qui, ayant son centre de végétation en Lorraine, se soit étendue sur les contrées voisines.

Notre flore participe à la fois de celles de l'Allemagne occidentale et du nord de la France. Aussi possédons-nous quelques végétaux dont la limite géographique traverse, par une portion de sa courbe, notre ancienne province et qui, chose remarquable ont leurs dernières stations occidentales les unes dans la vallée de la Moselle, les autres dans la vallée de la Meuse.

Je puis citer, comme exemple bien tranché du premier de ces faits, le Senecio salicetorum *Fl. lorr.* (S. saracenicus *Koch*). C'est, en effet, sur les bords et dans les iles de la Moselle, au milieu des saussaies, qu'on trouve les seules localités françaises de cette espèce, qui s'étend à l'est et au nord, dans presque toute l'Allemagne, dans la Russie orientale et dans une grande partie de la Sibérie.

Le Siler trilobum *Scop.*, disséminé sur le territoire de l'Allemagne, se rencontre aussi dans la Russie moyenne et méridionale et jusque dans les montagnes de la Géorgie et du Caucase; il montre, vers l'ouest, ses dernières sentinelles avancées, sur les coteaux des deux rives du même cours d'eau.

Le Carex pilosa *Scop.*, qu'on voit aussi en France

sur quelques points de la chaîne du Jura, ne franchit ni la Saône, ni la Moselle, mais s'étend, à travers l'Allemagne, vers le nord jusqu'à Saint-Pétersbourg et vers l'est jusqu'en Volhynie et en Podolie.

C'est encore la Moselle qui trace, à l'ouest, la limite du Bromus inermis *Leyss*, qui est très-répandu dans les contrées d'Outre-Rhin; il atteint même, dans la Russie d'Europe, le pays des Samoïèdes et en Sibérie le lac Baïcal.

C'est également dans la même vallée qu'on observe les derniers représentants, vers l'ouest et sous notre latitude, de plusieurs espèces intéressantes, telles que le Festuca sylvatica *Vill.*, le Poa sudetica *Hœnck*, le Lunaria rediviva *L.*, le Ranunculus platanifolius *L.*, le Cytisus Laburnum *L.*

D'autres espèces ont pour limite occidentale la vallée de la Meuse et nous pouvons citer comme telles les Arabis brassicæformis *Wallr.*, Dentaria pinnata *Lam.*, Lathyrus vernus *Wimm.*, Centaurea montana *L.*, Thesium alpinum *L.*, et pratense *Ehrh.*

Nous possédons enfin en Lorraine, une espèce dont la station semble complètement exceptionnelle ; je veux parler du Primula grandiflora *Jacq.* qui, dans tout le nord-est de la France, n'existe que sur un point isolé et y présente cependant tous les caractères de spontanéité désirables. On ne le trouve, en effet, dans toute cette vaste région, que dans les bois qui couronnent le coteau oolithique de Malzéville, situé sur la rive droite de la

Meurthe et séparé par cette rivière de notre chaîne jurassique.

Les causes qui ont ainsi limité l'aire d'extension des espèces végétales que nous venons d'indiquer et ne leur ont pas permis de s'étendre vers l'ouest, les unes au delà de la Moselle, les autres au delà de la Meuse, lorsque d'autres végétaux franchissent cette double limite, nous échappent complétement dans l'état actuel de la science et, tout en constatant les faits, nous préférons avouer notre ignorance sur ce point, que de tenter une explication en pénétrant, sans guide et sans boussole, dans le domaine des hypothèses.

CONCLUSIONS.

Cette étude vient confirmer ou établir quelques faits généraux relatifs à l'action des agents météorologiques et à l'influence du sol sur la végétation et notamment les suivants :

1° S'il est des plantes qui vivent également bien dans des conditions météorologiques très-variées, il en est d'autres qui, pour prospérer, exigent impérieusement d'être soumises à des conditions atmosphériques déterminées ;

2° S'il est également des végétaux qui se montrent indifférents à la nature du sol et qui végètent partout, il en est d'autres qui ne peuvent se propager que sur certaines natures de terrains ;

3° Les plantes, qui se montrent en plus grand nombre indifférentes à ces diverses influences et qui occupent en général l'aire d'extension la plus étendue, sont plus particulièrement les Acotylédones. Il en est de même des Monocotylédones comparées aux Dicotylédones et, par conséquent, plus l'organisation est élevée, plus souvent les conditions d'existence des plantes doivent être spéciales;

4° L'influence du sol n'est pas liée à sa constitution géologique, mais à sa nature minéralogique;

5° Cette influence minéralogique du sol s'exerce par ses propriétés physiques et par ses propriétés chimiques, et nos observations donnent à la fois gain de cause aux deux théories émises relativement au mode d'action du sol sur la végétation; son influence physique, pas plus que son influence chimique ne peuvent être niées, bien que l'une des deux soit souvent prépondérante; elles se révèlent l'une et l'autre par leurs effets et prennent chacune une part importante dans la distribution des végétaux sur le sol de notre ancienne province;

6° Relativement à cette double influence, les végétaux parasites semblent se comporter, à peu de chose près, comme les végétaux ordinaires;

7° L'homme a profondément modifié et modifie encore journellement, par son action perturbatrice, la distribution géographique d'un assez grand nombre d'espèces végétales.

LIBRAIRIE DE J.-B. BAILLIÈRE ET FILS

Rue Hautefeuille, 19, à Paris.

DE L'ESPÈCE ET DES RACES DANS LES ÊTRES ORGANISÉS ET SPÉCIALEMENT DE L'UNITÉ DE L'ESPÈCE HUMAINE, par D. A. GODRON, 1859, 2 vol. in-8°.

FLORE DE FRANCE, par GRENIER et GODRON; 1847-1856, 6 vol. in-8° en 3 tomes.

FLORE DE LORRAINE, par D. A. GODRON; seconde édition, 1857, 2 vol. in-12.

FLORULA JUVENALIS, ou énumération des plantes étrangères qui croissent naturellement au Port Juvénal, près de Montpellier; par D. A. GODRON, 1854, in-8° de 115 pages.

ÉTUDE ETHNOLOGIQUE SUR LES ORIGINES DES POPULATIONS LORRAINES, par D. A. GODRON, 1862, in-8°.

www.ingramcontent.com/pod-product-compliance
Lightning Source LLC
Chambersburg PA
CBHW051923160426
43198CB00012B/2010